档案服务与管理研究

王荣华 杨燕敏 祭 玲 ◎ 著

吉林文史出版社

图书在版编目（CIP）数据

档案服务与管理研究 / 王荣华 , 杨燕敏 , 祭玲著 .
长春 : 吉林文史出版社 , 2024. 10. -- ISBN 978-7
-5752-0760-7

I. G271

中国国家版本馆 CIP 数据核字第 2024SP9999 号

DANG ' AN FUWU YU GUANLI YANJIU

书　　名 档案服务与管理研究

作　　者 王荣华　杨燕敏　祭　玲

责任编辑 孙佳琪

出版发行 吉林文史出版社

地　　址 长春市福祉大路 5788 号

网　　址 www.jlws.com.cn

印　　刷 北京四海锦诚印刷技术有限公司

开　　本 710 mm × 1000 mm　1/16

印　　张 13

字　　数 202 千字

版　　次 2025 年 3 月第 1 版

印　　次 2025 年 3 月第 1 次印刷

定　　价 58.00 元

书　　号 ISBN 978-7-5752-0760-7

前　言

档案作为人类社会活动的真实记录，是社会历史的见证，具有不可替代的价值。在信息化快速发展的今天，档案工作不仅有传统的文件保存与管理方面，更向档案服务与管理的现代化、数字化方向迅速迈进。档案服务与管理研究，作为档案学的重要组成部分，已成为推动档案事业发展的关键领域。新时代背景下，档案服务和管理的理论与实践不断创新，新的技术手段和管理模式层出不穷。档案工作不仅是对信息的保存，更是对信息资源的开发和利用，是提高社会管理水平和服务水平的重要手段。通过对档案服务与管理的深入研究，可以为档案事业的发展提供科学的理论指导和实践路径，推动档案工作向更加高效、精准、智能的方向发展。

本书以"档案服务与管理研究"为题，从档案工作的基础概念开始，逐步深入探讨档案服务的模式、业务及创新，帮助读者更好地理解和应用档案服务的相关内容。此外，本书对档案管理的效能及应用进行深入探究，并对档案安全保障体系展开探讨。

本书内容全面系统，涵盖面广泛，结构清晰，不仅有理论层面的探讨，也有大量实际操作的案例分析，既适合理论研究者参考，也对实际操作人员具有指导意义。重点关注档案服务与管理中的新技术应用和模式创新，特别是信息化、数字化背景下的档案工作新趋势，具有前瞻性。针对不同类型档案的管理方法和创新途径进行了详细介绍，提供了具体可行的操作指南。

本书在写作的过程中得到许多专家学者的指导和帮助，在此表示诚挚的谢意。书中所涉及的内容难免有疏漏与不够严谨之处，希望读者和专家能够积极批评指正，以待进一步修改。笔者期待本书的出版能够为档案服务与管理提供有力的理论支持和实践指导，为推动我国档案服务与管理发展作出贡献。

目　录

第一章 对档案工作的基本分析

第一节 档案的基础知识

档案是国家机构、社会组织和个人在各项活动中直接形成的具有保存利用价值的各种载体形式的历史记录。档案是人类活动的必然产物，是记述和反映人们各种活动的真实历史记录，从远古的结绳记事、刻木为契，到今天信息化的电子文件。为了进一步学习档案管理，应先对档案的属性与特点、档案的发展与演变有一个初步的认识和了解。

一、档案的属性与特点

（一）档案的属性

档案的属性是指档案在社会中所表现出来的固有特征、特点。档案的这些特征、特点是多方面的，它既具备特有的基本属性——原始记录性，也具备许多文献资料共有的一般属性——信息性、文化知识性等。档案的主要属性有以下三个方面。

1.原始记录性

原始记录性是档案的基本属性。档案是人们从事社会实践活动的记录材料转化而来的，是历史的原始记录。它直接、客观地记录了形成者的真实活动情况，具有原始记录性。历史是怎样发展的，人们是怎样活动的，档案就怎样记载，所以，无论从形式上或内容上都表现了记录性和原始性。在形式上，档案直接记录和保留着原来活动的历史面貌，如发文原稿留有当事人的笔迹和签字、机关和个人的印信及客观形象的照片、录像或原声的录音等，表现了高度的原始记录性和事实的确凿性；在内容上，无论是指示、通知、请示、报告等各类文件材料，都真实、客观地记载着当事人的思想、立场或当时活动的真实情况，不论是正确的还是错误的，甚至是歪曲篡改事实的，都被真实地记录和反映出来。因此，档案是真实、可靠的历史凭据，是查考历史事实最令人信服的依据和信证。正确认识档案的原始记录属性，对做好档案工作具有实际指导意义。

2. 信息性

在当今社会，"信息"这个词普遍地见于生活和科学之中。作为日常用语，信息是指音信、消息；其作为一个科学概念，信息的表述是多种多样的。在不同学科中，它有不同的含义。在档案学中，我们可将它简单理解为消息、情报、知识、数据、资料的泛称。

档案是一种信息，是国家信息资源的重要组成部分。一个机关的档案，记录着本机关开展工作或进行生产活动的信息。国家全部档案，记载着整个国家从古至今政治的、经济的、科学的和文化的等各个方面的信息。档案信息与其他信息一样具有一般信息的共性，既可以扩充、浓缩、扩散、分享、替代等，也可以收集、传递、存贮、检索、处理、交换利用等。

认识了档案的信息属性，就能进一步明确档案在社会主义现代化建设中的重要作用，从而重视档案工作，努力做好档案工作。我们必须把档案信息资源收集、存贮、开发工作做好，使档案信息资源及时、准确、高效地传送到利用者手中，充分发挥档案信息在社会主义现代化建设中的重要作用。

3. 知识性

知识是人类对自然和社会运动形态与规律的认识与描述，是人们在社会实践中积累起来的经验和知识的结晶。档案之所以需要世代流传，就是因为它记录了丰富的知识，可供人们参考。

档案作为知识的一种载体和存贮形式，有以下特征。

（1）原型性。档案是人们社会实践活动的原始记录，直接记录着人们实践活动的经验，记录着人们对客观事物、现象的认识，是人类的知识成果。所以，档案是知识贮存的一种原型形式。在人类社会文明历史中，如果没有档案，便失去了连续地、全面地直接记录和积累知识的原载体。人们的许多知识及图书、情报中的一部分知识来自档案。从这个意义上讲，档案是其他文献知识的源泉。

（2）孤本性。档案作为记录知识的原稿、原本，往往只有一份，这也是档案外在形态上区别于其他文献资料的特点之一。档案的孤本性是不可替代的，这也是档案具有权威性和真实性的重要原因，使它更加珍贵。但是，它也有不足之处。因为同一份档案在同一时空之内只能供一人使用，这就使知识的作用不能得到充分发挥。要想克服孤本利用中的时空局限性，就得使原型知识转化成二、三次文献知识，再加上现代化的技术和手段，进行有效传递。

（3）继承性。知识是有继承性的。档案记载着前人所获得的知识，凝聚着人类共同创造的文明成果，值得后人学习和借鉴。在社会发展的长河中，人们要进行工作和生产活动，总要以昨天的终点为起点，在前人知识的基础上继续发展下去。在这时，档案起到了重要的接力棒和阶梯的作用。如果每代人都从零开始，人类社会就不能有所进步和发展。

知识的继承性有赖于积累。档案的社会功能之一，就是它是人类积累知识的一种有效手段。经过一代又一代，日积月累，档案成为历史和知识的宝库，通过利用服务这种特定的方式，使利用者从查阅档案中获取所需要的有用的知识，帮助人们调整社会关系，创造新的知识。所以，档案作为记录知识的一种载体，对人类知识的继承和发展有着重要作用，也是人们获取知识的一种重要途径。

（二）档案的特点

1. 来源的广泛性

档案是国家机构、社会组织和个人在各项活动中直接形成的，从一定意义上讲，人类活动就是不断生成信息、利用信息的过程。档案作为一种信息载体，和人们的社会生活紧密相关。只要有人类活动就必然会产生档案。具体地说，档案来源于各种机构和个人，是在他们从事政治、经济、科学、技术、文化、宗教等活动中产生的。前者包括机关、团体、军队、企事业单位等组织，后者涵盖了家庭、家族和个人。可见，档案的形成主体几乎包含了社会活动的所有主体，这就决定了档案来源的广泛性、档案事物的社会性、档案内容的丰富性。

2. 形成的原始性

形成的原始性是档案最显著和重要的特征。原始性是指档案的历史记录性，是档案的本质属性。档案不是事后编写和随意搜集的，而是从一定时间和地点直接使用的原始文件材料转化而来的。档案是一种信息载体，然而信息载体不止于档案，如图书、资料等都是重要的信息载体。但是，档案之所以成为档案而不是其他，是由其形成特点决定的。档案直接来源于人们的各种社会活动，是"原始的第一手资料"，其内容具有原生性、真实性，是最直接、客观、准确地记述和反映形成主体"自己"的活动的历史记录，因而具有依据作用、证据作用。图书、情报、资料等是为了了解外部情况通过交流、搜集等渠道获得的，是"别人"而非"自己"直接形成的，是"第二手资料"，所以仅有参考作用。

3. 形式的多样性

随着社会的进步，档案的形式不断发展变化，从上面的介绍可以看出，由于信息记录方式和载体形态的多样性，档案的形式多种多样、丰富多彩。从档案载体的演化看，古有甲骨、金石、青铜、竹简、缣帛等，今有纸张、胶片、磁带、光盘等；从信息记录方式看，有刀刻、手写、印刷、摄影、录音、录像等；从表达方式看有文字、图像、声音等；根据档案文件的种类和名称，有诏书、奏折、照会、条约、命令、计划、总结、手稿、日记等档案。

二、档案的发展与演变

（一）档案的发展历程

人们在生产和生活中需要交流、沟通，表达思想。在文字出现以前，人们只能用语言来表达自己的思想，但语言很容易遗忘。为了记忆的需要，古人创造了"结绳"和"刻契"。《易经》中就有"上古结绳以记事"的记载。

"结绳"和"刻契"是辅助记事的方法。"结绳"就是在绳子上打结，用绳子的大小、位置及绳子的不同颜色来表达不同的含义。结绳记事方法，外国古代也有应用，被称作"坎普"，还专门设有"结绳官"，负责解释结绳表达的含义。"刻契"就是在竹片、木片、骨片和玉片上刻上各种形状的标志，以此来表达和记录某种信息。"结绳"和"刻契"虽然有记事备忘功能，具备了档案的某些属性，但从本质上讲还不是档案，因为它们记录的情况不确定，对抽象的事物难以表达。"结绳"和"刻契"可以说是档案的萌芽。

甲骨档案是我国迄今发现最早的档案。甲骨文是人们公认的我国最早的文字，是国子监祭酒王懿荣于1899年发现的。最初发现于河南安阳小屯村的殷墟遗址。这些被刻写在龟甲、兽骨上的文字被称为甲骨文。文字的发明及应用于文献记录是人类文明的一大进步，文字是语言的记录符号，是人类表达思想、交流经验最直接、最确切的工具，也是档案产生的前提条件。商代人们很迷信，但凡举行祭祀、狩猎、战争等重大活动时，必要巫师进行占卜，并把占卜的经过、结果等情况，刻写在龟甲、兽骨上。这就给我们留下了研究商代历史的第一手材料，是商朝政治和生活的直接的原始记录。

稍后又出现了简牍档案、金石档案和缣帛档案等。简牍档案是商代和西周时出现的，是以竹片、木片为书写材料，记载当时社会生产和生活情况。单一的竹片叫"简"，单一的木片叫"牍"，简称木牍。这种书写工具比较笨重，据史料记载，秦始皇每天"日读一担"，即每天处理的公文就有100斤左右。20世纪我国湖南长沙，湖北江陵、云梦，甘肃敦煌等地，先后发现了大批秦、汉的简牍档案，对研究当时的历史提供了宝贵的资料。金石档案是刻写在青铜器、石头上的文字记录材料。

纸质档案的出现是档案发展史上的进步。西汉时期出现了新型的书写材料——纸张，从而改变了人类记录历史的形式。东汉蔡伦对造纸术进行改进，纸张的出现、推广为世界文明做出了重大贡献。在造纸术传到西方之前，古代人类也曾出现了羊皮档案、纸草档案、泥版档案等。

到了近现代，随着科学技术的发展，使得档案载体材料不断丰富多样，出现了音像档案、照片档案、电子档案等新型档案。

（二）档案形式和名称演变

我国自从进入历史文明以来，档案文献浩瀚瑰丽。陶文甲骨、金书铁券、纸墨文书、声像光盘等，形式多种多样。档案内容日益丰富，档案的形式和名称也在不断地发生变化。

1. 档案形式的演变

（1）陶文档案。新石器时代晚期的档案，距今5000年左右。从考古发现来看，有陕西一带仰韶文化遗址的陶器记事符号，有山东等地龙山文化遗址的陶片文字和文字记录。后者考古界称之为"陶文"和"陶文"档案。

（2）甲骨档案。商周时期的档案，距今3000多年。从出土实物和可靠的记载来看，甲骨档案主要集中于商代。商代甲骨档案从其载体材料和记录方式来研究，可以看出当时已达到了一定的水平。这反映了当时社会已有比较发达的古代文明。

（3）金石档案。

金文档案：金文是铸刻在金属鼎彝器卜的一种铭文，也称钟鼎文，一般是指冶铸在青铜器上的文字。古人称铜为金，所以又常称钟鼎文为金文。有铭文的青铜器始于商代，但数量少，金文字数也不多。钟鼎彝器中作为记事和凭信的金文，无疑具有古代档案的性质，所以在档案学上称为"金文档案"。

石刻档案：由于金属工具的使用等原因，在中国曾有一个石刻比较流行的时期，其中有些可称为"石刻档案"。殷代有少数刻石，东周以后逐渐增多，秦汉以后石刻碑碣大量出现，而直到明清、民国时期仍有所见。几千年来石刻档案保留下来许多难得的历史资料。

（4）简牍档案。金石档案虽然坚固耐久，但其载体比较笨重，制造铭刻也比较费工，且不便传递，所以自商周直至东晋时期，特别是从周代到汉代一千余年间，多用竹片、木板撰写文书。书于竹片的称为竹简，写在木板上的称为木牍，统称为"简牍档案"。简牍编连在一起称为册，所以又称"简册档案"。

（5）缣帛档案。缣书、帛书几乎与简牍同时产生。帛书可能与典册一样，在殷商时期已经有之，但迄今未见实物。现代保存下来的缣帛档案，有长沙楚墓中出土的帛书，属于战国时代的古文书。

（6）纸质档案。由于纸的发明和社会生产的发展，文件的书写材料逐渐为纸张所代替，形成了大量的纸质档案。纸张的广泛利用，不仅促进了汉字的演变，而且促进了不同文化间的交流和发展，同时也对文书、档案工作产生了巨大的影响。我国虽然从汉代就发明了纸张，但在社会上比较普遍地以纸书取代简帛文书，却经过一段很长的时间。从汉到晋数百年间，处于一个简、帛、纸并用的过渡时期，此后，纸张逐渐取代了缣帛，成为档案的主要载体材料。

（7）现代载体档案。人类进入近现代以来，随着现代科学技术的发展，档案的形式也发生了一些新的变化，除了传统的纸质档案外，产生了许多感光介质和磁性介质材料为载体的照片档案、录音录像档案、光盘档案和机读档案等。档案的内容更丰富，形式更多姿多彩。

2. 档案名称的演变

在中国，对文书和档案最早的称呼，按现有的资料来说，叫作"册""典"。甲骨文中就有"册"字和"典"字。

在周代，又有"中"字的叫法。根据许多材料分析，周代所说的"中"，近乎对文书和档案的一种概括性的称呼。

自商周简牍档案和缣帛档案产生以来，"简""牍""简策""简牍""简书""帛书""缣书"或"竹帛"等称呼皆指文书、档案和书籍。现已传为成语的"名留竹帛""罄竹难书"等，也反映了当时文书、档案的成分及其称呼，或延续着以前的惯称。

用缣帛书写的文书可以舒卷，所以又称作"卷""卷轴"。又因办理公文多在案几上进行，所以汉唐以后，又称公文和档案为"文案""案牍"，有时也用"文牍""文书""簿书"来表示。

"档案"一词，初见于清代。现存清代档案康熙十九年（1680）的《起居注册》（汉文正本）中就有"部中无档案"之语。大约成书于康熙四十六年（1707）的杨宾的《柳边纪略》中说："边外文字，多书于木，往来传递者曰牌子，以削木片若牌故也；存贮年久者曰档子，以积累多贯皮条挂壁若档故也。然今文字之书于纸者，亦呼为牌子、档子矣。"这也是对档案词源的一种解释。"档"字在《康熙字典》里的解释为"横木框档"，就是木架框格的意思；"案"，《说文解字》释作"几属"，就是像小桌子一类的桌几。由此引申又把处理一桩事件的有关文件叫作"一案"，并通称收存的官方文件为"案"或"案卷"等。"档"和"案"连用，就是存入档架的文案和案卷，而且把放置档案的架子称作档架，把一格称为一档。这些叫法沿用下来，至今我们称档案，依然有形象的和内在的意义。它的科学定义，乃是这层意义的深化与发展。

第二节　档案工作的内容及性质

档案工作指管理档案和档案事业的活动，包括档案管理工作、档案行政管理工作、档案教育工作、档案科学研究工作和档案宣传工作等。档案管理指档案的收集、整理、保管、鉴定、统计和提供利用等活动，即档案室和档案馆所从事的档案业务工作。通常说的档案工作是指狭义的档案工作，即档案管理。

一、档案工作的内容

（一）档案收集

收集是指档案馆（室）接收或征集档案和其他有关文献的活动。通过收集使分散的、数量浩繁的档案集中起来，便于档案的科学保管和有效利用。

（二）档案整理

整理是指按照一定的原则对档案实体进行系统分类、组合、排列、编目，使之有序化的过程。档案整理工作使成分复杂的档案条理化、系统化，利于档案的保存和使用。

（三）档案鉴定

鉴定是指按照一定的原则和标准，判定档案的真伪和价值，确定保管期限及决定档案存毁的一项工作。通过鉴定工作，去粗取精，剔除失去保存价值的档案，使档案保管机构的人力、物力和财力能够充分发挥作用。

（四）档案保管

保管是维护档案的完整与安全的活动。其基本任务有两个：一是维护档案实体的系统性，使库藏档案始终有序；二是保护档案实体，最大限度地减少人为或自然因素的损坏，延长档案的"寿命"。

（五）档案检索

检索是指存储和查找档案信息的过程。档案检索工作将档案信息运用一系列方法进行加工处理，形成各种检索工具，供人们查找所需档案。

（六）档案编研

编研是指在研究档案和社会需要的基础上，按照一定的题目、体例和方法编辑档案文献的活动。通过档案编研工作，可以满足更多利用者的需要，让档案信息以编研成果的形式长远流传下去，并延长档案原件的寿命。

（七）档案利用

利用又称利用服务，是指利用者以阅览、复制、摘录等方式使用档案的活动。档案得以利用是档案管理工作的最终目的，通过利用可以使包含在档案中的凭证价值和参考价值得以发挥和实现。

（八）档案统计

档案统计是指对反映和说明档案及档案工作现象的数量特征进行搜集、整理和分析的活动。通过档案统计工作，不仅可以为整个档案管理工作提供真实可靠的原始数据、基本事实，让人们对档案及档案工作做到"胸中有数"，而且还为档案工作决策提供强有力的信息支持，保证决策的科学性。

二、档案工作的性质

（一）管理性

档案工作的管理对象是档案及档案事业。档案工作必须用一整套科学的理论原则和技术方法管理档案，对繁杂的档案进行研究、考证和系统管理。

档案工作是各项工作的重要组成部分，任何一项管理工作都离不开档案工作。

（二）政治性

档案工作存在着服务方向的问题，这正是档案工作的政治性的集中表现。档案工作的机要性也是档案工作政治性的表现之一。

档案工作者必须做维护历史真实面貌的楷模，实事求是，并积极地提供档案用以编史修志，用档案印证历史，校对历史。

（三）服务性

档案工作是一项提供档案信息，为社会各方面工作服务的工作。服务是档案工作赖以存在和发展的基础。档案工作者应当树立服务意识，掌握服务技能，完善服务条件，提高服务质量，积极为社会建设作出贡献。

第三节　档案工作的组织体系

我国档案工作的组织体系主要是由档案室、档案馆、档案行政管理部门及其他辅助性机构构成的，这些机构在全国范围内构成了一个结构合理、管理科学、颇具规模的档案工作体系。

一、档案室

档案室是各组织（包括团体、学校、工厂、企事业单位等）统一保存和管理本单位档案的内部机构，是整个单位的组成部分。党、政、军等机关单位的档案室，又是机关的机要部门之一。就全国档案工作来说，档案室是国家档案工作组织体系中最普遍、最大量、最基层的业务机构。

（一）档案室的性质

档案室作为全国档案工作体系中最基层的档案业务机构，主要表现出以下三方面的性质。

第一，档案室是机关的内部组织机构。机关档案室工作，是机关工作的组成部分，是机关为适应档案管理的自身需要建立的一种专业组织，从事本单位内档案工作的组织管理及档案的保管与提供利用工作。从这一点上看，档案室具有对本机关的依附性。

第二，档案室是保存档案的过渡机构。档案源于形成者，是机关管理活动的记录。为了满足档案形成者自身的需要，由本机关在一定时期对档案进行管理、利用是必须的，也是合理的。但是，从国家和社会的整体利益出发，为了使档案成为社会共享的财富并获得良好的保管，档案室也有向国家档案馆移交档案的义务。因此，档案室一般不可能成为永久保管档案的基地，在档案保管上只能是一种过渡性、中间性的档案机构。

第三，档案室的主要任务是服务于本机关。档案室档案的来源局限于本机关，室藏档案构成具有单一性。从档案室档案的价值形态来看，一般仍是处于第一价值阶段，其对机关日常管理工作仍具有很强的现实作用。因此，档案室的服务方向、服务对象、服务范围基本局限于机关内部。

（二）档案室的类型

1.普通档案室

普通档案室通常也称为机关档案室、文书档案室，是主要负责管理文书档案的档案室。这种档案室在全国最普遍，数量最多。党政机关、团体、学校等单位的档案室都属于这一类。

2.人事档案室

人事档案室是机关、企事业单位在人事部门设置的管理人事档案的专业档案室。这种档案室比较普遍。由于人事档案自身的特殊性，它一般与其他各类档案分开管理，这就有必要专门设立人事档案管理部门，它通常依附于机关内人事管理部门或组织部门，有的也称为干部档案室（科）。

"现在机关事业单位的人事档案由具有人事权力的单位自己管理，没有采用现在社会上普遍使用的人事代理方式，实现对人事档案的集中化、科学化、规范化的管理。"[1]

3.科技档案室

科技档案室是指保管科技档案的专门档案机构。在工厂、设计院、科学技术研究院等单位一般都设有科技档案室。科技档案室主要为本单位生产和科研服务。

4.音像档案室

音像档案室是管理照片、影片、录音带等音像档案的档案室。电影公司或制片厂、新闻摄影部门、报社或者通讯社、唱片厂等单位，一般都设置有这种档案室。其他各类机关也会在日常工作中形成一些照片、录音带等特殊载体的档案，但由于数量有限，因此，一般不专设这种档案室，而是由普通档案室统一管理。

---

[1] 李滨.以档案室搬迁为契机提高人事档案管理水平[J].办公室业务，2015（18）：84.

（三）档案室的任务

档案室的基本任务是集中统一地管理本机关各部门形成的各种门类和载体的全部档案，为本机关各项工作服务，并为党和国家积累档案史料。具体任务包括以下三方面。

第一，对本单位文书部门或业务部门文件材料的归档工作进行指导和监督。

第二，接收和保管本单位各部门应归档的档案材料，进行必要的整理、鉴定、统计、编目和研究，积极开展利用工作，同时收藏和管理一些有关的内部书刊等资料，配合档案提供利用。

第三，定期把具有长远保存价值的档案向档案馆移交。

二、档案馆

档案馆是集中管理档案的专门机构，是永久保管档案的基地，是科学研究和利用档案史料的中心。

（一）档案馆的性质

第一，从档案馆管理的对象来看，它是一种重要的历史文化遗产和精神文化财富。

第二，从档案馆的活动方式和工作成果来看，档案馆的工作是一项研究性工作。参与编史修志，汇编各种研究成果，并通过多种方式提供档案利用。

第三，从档案馆的职能来看，它不仅肩负着科学管理档案的重任，而且致力于社会化的服务工作。档案工作以其对国家、社会、历史的重大意义而成为一项重要的事业。

（二）档案馆的类型

第一，专业档案馆。专业档案馆是管理特定范围专业档案的档案馆，它可以按照载体形态设置，也可以按照某一专门领域设置。这种档案馆中，有按照载体形态设置的，如中国电影资料馆、中国照片档案馆；也有按照某一专门领域设置的，如中国地名档案资料馆。

第二，部门档案馆。部门档案馆是专业主管部门设置的管理本部门及其直属机构档案的档案馆，如外交部档案馆、公安部档案馆、交通运输部档案馆。

第三，事业单位档案馆。事业单位档案馆是事业单位设置的管理本单位档案的档案馆，如高等院校档案馆。

（三）档案馆的任务

档案馆的基本职责是：集中统一管理党和国家需要长远保管的档案和有关资料，维护历史的真实面貌，为现实的社会主义现代化建设和历史的长远需要服务。其具体任务主要有以下三方面。

第一，接收与征集本级各机关、团体及其所属单位具有长期和永久保存价值的档案及有关资料，科学地管理。"作为档案馆最为基础的一项业务工作，档案接收是丰富馆藏、加强档案资源建设的重要手段，是其他各项业务工作的基础和前提条件。"[①]

第二，通过多种方式，积极地开展档案资料的利用工作。

第三，参与编史修志。档案馆通过提供原始档案凭证和依据、创新查档方式和方法、提供多样化服务及展现专业素养和敬业精神等方式，为编史修志工作的顺利进行提供了强有力的支持。

三、新型档案机构

（一）文件中心

文件中心是一种社会化、集约化和专业化的档案管理机构，它的设置一般不像档案室那样隶属于一个文件形成单位，而是按地区按系统建立的介于文件形成单位和地方综合性档案馆之间的一种过渡性档案管理机构。

文件中心的基本任务有以下四方面。

第一，从形成机关接收、存储文件进文件中心。

第二，提供快速、准确的文件借阅服务，满足用户的需要。

第三，确保文件安全、管理科学。

第四，根据由文件形成单位制定、档案馆批准的档案保管期限表对文件进行挑选和鉴别，销毁不需要继续保存的文件，并向档案馆移交具有永久保存价值的档案。

[①]孙婧.档案馆开展档案接收前指导工作策略分析[J].兰台世界，2024（03）：82.

（二）档案寄存中心

档案寄存中心是由国家综合档案馆设立的，为各类企业、社会组织及个人提供文件与档案寄存服务的机构，多为营利性质。寄存中心主要为不具备充分保管条件的企业单位、破产单位、社会团体、公民个人等提供文件与档案的寄存服务。档案在寄存中心保存期间，所有权不变。

（三）档案事务所

档案事务所是指提供档案事务服务的一种商业性档案服务机构。档案事务所是适应近年来我国档案工作中出现的一些新情况而建立的一种新型档案机构。

档案事务所是独立经营、独立核算、自负盈亏的企业型单位。为加强对档案事务所的管理，各地档案行政管理部门应会同有关部门制定档案事务所的管理规定，并对档案事务所的业务工作进行指导、监督。

档案事务所的服务对象非常广泛，包括档案馆和各机关、团体、企事业单位及个人等。

档案事务所的业务范围主要是开展档案业务的咨询以及各种档案的劳务性服务工作，如档案的整理、装订、著录、裱糊、抢救等。档案事务所开展的档案业务项目均为有偿服务，应根据经济核算的原则制定合理的收费标准。

四、档案工作的辅助机构

（一）档案科学技术机构

档案科学技术机构是研究档案学基础理论和档案工作应用科学技术的机构。这些机构主要有档案行政管理部门设置的档案科学研究所，综合性大学设置的档案学研究室，以及中国档案学会及其各省、市的分会等。

（二）档案专业教育机构

档案专业教育机构是为档案工作培养和输送合格的档案专业人才的机构。这些机构主要有综合性大学内设置的档案学院、系、专业，以及档案中等专业学校和档案行政管理部门设置的档案干部培训中心等。

（三）档案宣传出版机构

档案宣传、出版机构是通过各种宣传工具和出版物，宣传档案工作，传播档案知识的机构。这些机构主要有各级档案部门创办的档案刊物所在的杂志社等。

第四节　新时代背景下档案事业的发展

一、新时代背景下档案事业发展的原则

（一）坚持依法治党

全方位开展依法治国，必须有档案工作的充分保障。所以，应当在切实落实依法治国总部署的基础上完善档案事业的法治建设，把握好依法治档在依法治国中的定位，打开利用法治思维及形式面对新常态的局面。

第一，加大档案工作从行政向依法管理的改变。开展档案立法、普法宣传及行政执法的统一化工作，通过此来促进档案工作"三个体系"建立的良好发展。

第二，切实提高依法履职能力。理顺权力与责任两张清单，始终保证"法定职责必须为，法无授权不能为"。对各类所有制立档单位加以认定，加大对档案工作的行政执法监督，对不同档案非法事件进行从重处理。

第三，制定更合理、更有效的档案行政执法制度。在国家充分简政放权背景下，加大对事中事后的监管力度。档案部门是行政管理机构，可以进行"抽查联合检查"，同时公布对企业档案工作的检查结果，并基于此构建企业诚信档案、共同惩治失信和黑名单机制。

（二）纳入公共服务体系

政府的公共服务中，档案服务是关键内容之一。想要为社会与人民群众服务，则必须摒弃"机关衙门""机要重地"等陈旧思想，始终不懈地建设基于人民群众需求的档案服务机制，进一步丰富服务途径，满足人民群众对档案服务的多样需求。主动开展馆际、馆室、馆社等的协作联合共建共享体系，制定全面的

档案资源体系。最大限度发挥出资政襄政、文化教育、服务民生等功能。制定合理的档案开放机制，尽力让有需求者利用档案资源，确保档案事业更好地服务社会、服务大众。

（三）推动建立联动机制

档案部门在新常态下应该推动联动机制的构建，利用有关部门职能进行优势发声与发力，使档案服务更具目的性与规划性。档案馆应和建设交通局制定联动机制，辖区一切的建设工程都应该将档案的预验收、正式验收并移馆的办理放在筹备验收、完工备案的办理工作之前。档案馆要按时参与"企业前期业务流程宣讲""企业服务见面"等会议，切实加强与联动单位的交流，使项目档案进馆的完整性与系统性得到有效保证。

二、新时代背景下档案事业发展的路径

（一）强化政治定力，把握工作导向

秉持"档案工作姓党"，将政治建设放在第一位，严格贯彻全方位从严治党的职能，进一步加强领导干部团队思政建设。认真开展"两学一做"的常态化、制度化学习教育，与巡察整改执行工作全面推动的"档案工作的政治化、服务化、基础化""遵规守纪当典范，履行职责做贡献"等相结合，进行统一化的学习探讨。严格贯彻全方位从严治党的方针，组织领导干部及档案工作人员开展理论学习，将党章学习落到实处，依据新时代党内政治生活原则，监督领导干部的党内政治生活，认真开展强化落实以"不忘初心，牢记使命"为主题的教育活动，促使档案领导班子牢固树立"四个意识"，坚定"四个自信"，做到"四个服从"，用极高的思想自觉与政治担当开展好档案工作。

（二）优化人才布局，释放人才活力

在全面贯彻落实关于人才工作的重要指示精神下，围绕人才发展战略，档案人才培养工作被赋予了更为重要的使命。为此，必须立足实际，将正确用人作为核心原则，切实加强对人才的培育与选拔。遵循"三严三实"标准，以及"作风优良、为民服务、一心为民、敢于负责、克己奉公"的干部要求，应当优先选

拔和任用具备高素质、高能力的干部，特别是在档案管理、历史研究、技术开发与运用等关键领域，须加大人才引进和培养力度，以此强化档案人才队伍的整体实力。

在人才队伍建设过程中，要注重将理论与实践结合起来，鼓励档案干部人才深入基层，将专业知识与基层实践相融合，为基层服务。特别要引导青年干部积极投身于急难险重任务的基层实践中，通过实践锻炼提升他们的工作能力和服务水平。同时，将严格治理与关怀鼓励结合起来，既要有效开展考核监管，确保人才队伍的纯洁性和高效性，又要构建完善的关怀鼓励体系，为干部人才提供干事创业的良好环境，激发他们的工作热情和创新能力。

（三）强化监督管理，深化作风建设

以数字化档案、政府购买、抢救关键档案及建设档案馆等关键流程为抓手，加强监管，始终坚持作风建设。严格执行中央八项规定，认真组织"走一线""双报到"、对口帮扶等工作，切实推动档案系统的政风行风建设。根据有关上级部门要求的"规范化要求，标准化建设，信息化管理"，培养高度负责的工作态度，切实开展"三个体系"建设，构建档案部门的良好风貌。

第二章 档案服务理论与模式创新

第一节 档案服务的基本原则

"档案是一个社会时代的宝贵信息和文化精神财富。档案利用服务既是档案工作的永恒主题，也是档案工作生存、发展的前提和基础。随着时代的进步，人们对档案的利用需求越来越多，对服务要求越来越高，以往传统的档案服务工作已难以满足当今社会发展的需要。档案部门和档案工作者应当与时俱进，积极创新档案服务工作机制，才能使档案事业焕发出新的生命活力，实现可持续发展。"[①]

一、档案服务的完整性原则

档案服务的完整性原则是确保档案信息资源在收集、整理、存储和提供利用过程中的完整性和连贯性的关键准则。这一原则对于维护档案的真实性、可靠性和有效性至关重要。

在档案服务领域，完整性原则要求档案管理者必须采取系统化的方法来收集档案材料，确保档案的全面性和连续性。这意味着档案管理者需要识别和收集与特定主题或事件相关的所有相关文件、记录和证据，无论其形式如何。

为了实现档案的完整性，档案管理者需要建立严格的档案收集、分类和保管流程。这涉及对档案进行定期的审查和评估，以确保所有必要的材料都已被收集，并且档案的存储条件能够保护其免受损害。

档案的完整性还要求档案管理者对档案的原始形态和内容进行保护，避免对档案进行未经授权的修改或删除。这有助于确保档案作为历史证据的可靠性，使其能够在法律诉讼、学术研究和其他需要准确历史信息的场合中发挥作用。

[①] 刘学军. 档案服务工作 [J]. 黑龙江史志, 2014（11）：181-181.

此外，档案服务的完整性原则还强调了档案信息的可追溯性。档案管理者需要维护详细的档案记录，包括档案的来源、收集日期、处理过程和任何相关的变更记录。这有助于用户理解档案的背景和上下文，评估档案的可信度。

档案服务的完整性原则对于促进知识的保存和传承具有重要意义。通过确保档案的完整性，档案服务不仅为当代用户提供了宝贵的信息资源，也为未来的研究者和决策者提供了可靠的历史记录。这种对档案完整性的维护有助于构建一个更加开放、透明的信息环境，支持社会的发展和进步。

（一）档案完整性的意义

1. 历史真实性

（1）档案的完整性原则要求档案管理者在收集、整理和保管档案时，必须确保档案的原始性和未经修改的状态。这意味着档案中的每一份文件、每一张照片、每一段录音和录像都必须保持其最初形成时的形态和内容。通过这种方式，档案能够真实地反映历史事件的发展过程，为研究者提供未经歪曲的历史记录。

（2）档案的完整性原则强调了档案材料之间的内在联系。档案不仅是孤立的文件集合，而是一个有机整体，其中每一份材料都与其他材料相互关联，共同构成了对某一历史时期的全面描述。因此，档案管理者需要识别并维护这些联系，确保档案材料的系统性和有序性。

（3）档案的完整性原则涉及对档案材料进行定期的审查和评估，以确保档案的收集工作能够跟上时代的发展，及时补充新的材料，更新旧的记录。这种持续的更新过程有助于保持档案的时效性和相关性，确保档案能够反映最新的历史发展。

2. 信息全面性

（1）信息全面性要求档案管理者采取一种包容性的收集策略，不仅要收集主流或官方的文件记录，也要关注边缘或少数群体的声音。这种多元视角的记录有助于揭示事件的复杂性和多维性，为研究者提供了更为丰富的分析材料。

（2）信息全面性体现在时间跨度上。档案管理者应确保档案内容覆盖了事件或现象的起始、发展、高潮至结束的整个过程。这种时间上的连续性对于理解事件的演变和影响至关重要。

（3）信息全面性还要求档案在形式上的多样性。档案不应仅限于文字记录，还应包括图片、图表、音频、视频等多种形式的资料。这些非文字资料往往能够提供文字记录所无法传达的直观感受和细节信息，为用户理解事件提供更为生动的视角。

（4）信息全面性也对档案的数字化转换提出了要求。档案管理者需要确保在数字化过程中，各种形式的档案资料都能得到妥善地转换和保存，以保证信息的完整性和可访问性。

（5）信息全面性涉及档案的可检索性。档案管理者应建立有效的检索系统，使用户能够方便地查找和利用档案资料。这种高效的检索机制不仅提高了档案服务的实用性，也使得用户能够快速地定位到所需的信息，从而更全面地理解某一事件或现象。

（6）信息全面性要求档案管理者对档案内容进行定期的审查和更新。随着时间的推移和新信息的出现，原有的档案记录可能需要补充或修正。档案管理者应及时更新档案内容，以反映最新的研究成果和发现。

3.法律证据力

（1）档案的完整性原则确保了档案材料在法律诉讼中的可靠性和有效性。当档案包含了一系列未经修改、未经选择的原始记录和证据时，它们能够全面地反映事件的真实情况，从而在法庭上展现出强大的证据力。这种全面性不仅包括书面文件，还涵盖相关的辅助材料，如照片、视频、音频记录及其他形式的证据。

（2）档案的完整性原则有助于构建一个连贯的证据链，使得法官或仲裁者能够更准确地重建事件经过，评估各方的陈述和主张。这种连贯性减少了因信息缺失或片面性而导致的误解或错误判断的风险。

（3）档案的完整性原则还要求档案管理者在档案的收集、保管和提供过程中保持档案的原始性和真实性。这意味着档案材料在法律诉讼中被使用时，必须保持其原有的形式和内容，未经任何篡改或省略，以确保其作为证据的合法性和公正性。

（二）实现档案完整性的策略

1. 全面收集

全面收集要求档案管理者在处理特定主题或事件时，必须采取一种广泛而深入的搜集策略。这种策略的核心在于确保档案材料的全面性，以真实、完整地反映历史或现实情况。

在全面收集的过程中，档案管理者须识别并搜集与特定主题或事件相关的所有类型材料。这不仅包括传统的文书档案，如信件、报告、会议记录等，也涵盖了非文书形式的档案材料，如照片、录音、录像、图表、电子文件等。这些非文书材料因其独特的信息承载方式，能够提供文书档案所不能提供的视角和细节，从而丰富了档案的维度和深度。

全面收集的实践要求档案管理者具备高度的专业性和敏感性。他们需要对档案的来源、类型和价值有深刻的理解，以便在收集过程中做出恰当的选择和判断。此外，档案管理者还需与多个部门和组织建立合作关系，以确保能够接触到所有可能的档案材料来源。

随着信息技术的发展，全面收集也面临着新的挑战和机遇。数字化转型为档案收集提供了新的途径，使得档案管理者能够通过网络资源、社交媒体等新兴渠道搜集信息。同时，这也要求档案管理者掌握相应的技术能力，以确保电子档案的收集、存储和保护。

全面收集还涉及档案的长期管理和维护。档案管理者需要建立有效的档案管理系统，对收集到的材料进行分类、编目和存储，确保档案的可检索性和可访问性。此外，档案管理者还应定期对档案进行审查和评估，以补充新的材料，更新旧的记录，保持档案的时效性和相关性。

2. 原始保存

（1）在档案的原始保存过程中，档案管理者必须采取措施防止档案内容的任何非授权修改或篡改。这包括在档案的收集、存储、数字化和利用各个环节中实施严格的控制措施。例如在数字化过程中，应采用高级加密技术和访问控制机制，以防止档案数据的非法访问和篡改。

（2）档案的原始保存要求档案管理者对档案的物理形态进行妥善保护。档案材料应存储在适宜的环境条件下，如控制温湿度、防尘、防光照等，以防止档案材料的自然退化和损坏。此外，档案管理者还应定期对档案进行检查和维护，确保档案的长期保存。

（3）在法律和行政层面，原始保存原则也得到了相应的支持和保障。许多国家和地区的档案法规定了档案的不可篡改性和完整性，对档案的非法修改和破坏行为设定了严格的法律责任。这为档案的原始保存提供了法律依据和保护。

（4）原始保存原则对档案的利用提出了要求。档案管理者在提供档案利用服务时，应确保用户能够访问到档案的原始形态，而不是经过修改或摘要的版本。这有助于用户全面、准确地理解档案内容，进行独立的分析和判断。

（5）原始保存原则强调了档案记录的完整性。档案管理者应收集和保存与特定事件或主题相关的所有档案材料，包括主要文件和辅助材料，以构建一个全面、连贯的档案记录体系。这种完整性有助于揭示事件的全貌，为历史研究和法律判断提供丰富的信息资源。

3. 系统整理

（1）在系统整理的过程中，档案管理者首先需要对档案材料进行全面的审查，以确定其内容、形式和来源。基于这种审查，管理者可以建立合理的分类体系，将档案材料按照主题、时间、来源或其他逻辑关系进行分组。这种分类不仅有助于揭示档案材料的内在联系，也为用户理解和分析档案提供了便利。

（2）系统整理还涉及档案材料的排列顺序。档案管理者应根据既定的分类体系，对档案材料进行有序排列，确保同一类别内的档案按照一定的逻辑顺序进行组织。这种排列顺序可以基于时间顺序、重要性等级或其他相关标准，以便用户在利用档案时能够顺畅地追踪和理解信息的流动和发展。

（3）系统整理包括档案的编目工作。档案管理者需要为每一份档案材料创建详细的目录记录，包括标题、作者、日期、主题词、摘要等元数据。这些目录记录不仅为档案的检索提供了关键信息，也有助于用户快速定位至所需的档案材料。

（4）系统整理的实践要求档案管理者采用现代化的管理工具和技术。随着信息技术的发展，电子档案管理系统、数据库和云计算等技术在档案整理中的应用越来越广泛。这些技术不仅可以提高档案整理的效率和准确性，也为档案的远程访问和共享提供了可能。

4. 持续更新

（1）在持续更新的过程中，档案管理者须不断地对档案体系进行审查和评估，以确定现有档案材料是否仍然准确反映了当前的状态和知识。这涉及对档案内容的定期检查，以识别需要更新或补充的部分。档案管理者应积极监测相关领域的发展动态，以便及时捕捉到新的信息和趋势。

（2）档案的持续更新包括对新产生档案材料的收集和整合。随着时间的推移，新的文件、记录、数据和其他形式的信息不断产生，档案管理者须确保这些新材料能够被系统地收集并整合到现有的档案体系中。这不仅要求管理者具备敏锐的信息意识，还需要与信息产生的源头建立有效的沟通和协作机制。

（3）持续更新的过程涉及对档案分类和排列顺序的调整。随着新档案材料的加入，原有的分类体系可能需要重新评估和调整，以确保档案体系的内部逻辑和结构仍然合理有效。档案管理者需运用专业知识和经验，对档案材料进行重新分类和排列，以适应新的信息环境。

在数字化时代，持续更新还意味着对电子档案和数字资源的管理。档案管理者需须保电子档案的定期备份、数据迁移和格式转换，以应对技术变革带来的挑战。同时，也需要关注数字档案的长期保存问题，确保档案信息的长期可访问性和可读性。

（三）档案完整性对研究和历史价值的影响

档案的完整性对研究和历史价值具有深远的影响，它是确保档案能够全面、真实地反映历史事件和社会发展的关键因素。完整的档案能够为研究者提供一个丰富、未经偏颇处理的信息资源，从而促进对过去的深入理解和准确解释。

1. 支持深入研究

（1）在完整的档案支持下，学者们能够追溯事件的发展脉络，识别关键因素，并探究其内在联系。档案中的原始记录、通信文件、会议纪要等，提供了直接的历史证据，使得研究者能够接近事件的真实情况，揭示其深层次的原因和影响。

（2）完整的档案允许研究者进行比较研究和跨学科分析。不同领域和不同时期的档案材料可以相互对照，为研究者提供了更广阔的视角和更深入的洞见。这种跨学科的研究方法有助于构建更为全面的理论框架，促进知识的综合与创新。

（3）完整的档案为历史解释提供了多样性。由于档案材料的广泛性和多样性，研究者可以从不同角度对同一事件进行解读，提出多种可能的解释。这种多元解释不仅丰富了学术讨论，也反映了历史事件的复杂性和多维性。

（4）在数字化时代，完整的档案对深入研究的支持体现在数字档案资源的开发和利用上。数字化技术使得档案材料更易于存储、检索和分析，为研究者提供了更高效的研究工具。同时，数字档案的开放共享也为更广泛的学术交流和合作提供了便利。

2. 促进跨学科研究

（1）档案材料的多样性和深度为跨学科研究提供了独特的视角和方法。例如历史学家可能与社会学家合作，利用历史档案来分析社会结构的演变；生物学家可能与环境科学家一起，通过历史环境记录来研究生态系统的变化。这种跨学科的合作有助于整合不同学科的理论和方法，提出更为全面和深入的研究成果。

（2）档案的完整性为跨学科研究提供了必要的历史连续性。通过档案中的长期记录，学者们能够追踪某一现象或问题的发展过程，从而在不同学科之间建立起时间上的联系。这种历史视角对于理解复杂系统的演变至关重要。

（3）档案的完整性支持了对跨文化和跨国界问题的研究。全球化背景下的问题往往需要从多个文化和国家的视角来理解。完整的档案材料，包括来自不同国家和地区的记录，为这种全球性的研究提供了可能。

3. 增强历史教育

（1）在历史教育中，完整的档案允许教育者构建翔实的案例研究，通过具体的历史文献、记录和个人叙述来探讨历史主题。这些档案材料提供了历史情境的深度和复杂性，使学生能够从多元视角审视历史，培养批判性思维能力。

（2）档案的完整性支持了历史教育中的探究式学习。学生可以直接分析和解释档案材料，进行历史研究和论证。这种主动探索的过程不仅提高了学生的历史意识，也锻炼了他们的研究技能和分析能力。

（3）完整的档案资源对于培养学生的历史同理心具有重要作用。通过接触原始档案，学生能够更贴近历史人物的生活经历和情感体验，从而增强对历史事件的感性认识和深层次理解。

（4）在数字化时代，档案的完整性在数字历史教育中也显示出其价值。数字化档案使得远程访问和利用成为可能，为不同地区和背景的学生提供了平等的学习机会。同时，数字技术也为档案材料的呈现和分析提供了新的工具和方法，如虚拟现实、时间线工具等，进一步增强了历史教育的互动性和吸引力。

二、档案服务的安全性原则

档案服务的安全性原则是确保档案资料免受损害、丢失、篡改和未授权访问的一系列规范和措施。这一原则对于维护档案的真实性、完整性和可用性至关重要，是档案管理工作的基础。

（一）物理安全

物理安全关注于保护档案资料不受物理性损害，包括防止盗窃、破坏及自然灾害的影响。在档案机构中，物理安全措施的实施是确保档案长期保存和利用的前提。

第一，档案机构必须确保档案存放的设施具备足够的安全标准。这通常意味着档案应被保管在具有防入侵、防火、防水和防潮特性的建筑内。设施的设计应考虑到结构的稳固性，以及对环境因素的控制，如温湿度的调节，以减缓档案材料的自然退化。

第二，档案机构应部署先进的安全系统来加强物理安全。这包括但不限于监控摄像头的安装，用于实时监控档案存放区域的活动；门禁系统的设置，以限制未经授权的个人进入敏感区域；以及报警系统的配置，确保在发生安全事件时能够及时响应。

第三，除了预防措施，档案机构须制订和定期更新应急预案。这些预案应涵盖对各种自然灾害和紧急情况的响应措施，如火灾、洪水、地震等。通过模拟演练和员工培训，确保在真正的紧急情况下能够迅速有效地保存档案资料。

第四，档案的物理安全涉及搬运和运输过程中的保护。在档案的搬运过程中，应采取适当的包装和搬运措施，避免因操作不当导致的损害。同时，对于档案的外部运输，应制定严格的运输协议和保险措施，确保档案在转移过程中的安全。

第五，档案机构应定期对物理安全措施进行评估和升级。随着技术的发展和安全需求的变化，档案机构需要不断更新其安全设备和策略，以应对新的安全威胁。

第六，档案机构在实施物理安全措施时，应遵守相关的法律法规和行业标准，确保其做法既合理又合法。这包括对档案安全法规的遵守，以及对档案保护专业标准的遵循。

（二）信息安全

在数字化和网络化日益普及的当下，档案资料的电子形式易于传播和访问，但同时也更容易受到未授权访问、篡改和破坏的威胁。因此，档案机构必须采取一系列措施来确保信息的安全。

第一，加密技术是保护档案数据不被未授权访问的关键手段。通过加密，即使数据被截获，未经授权的个人也无法读取其内容。档案机构应采用强加密标准来保护存储和传输中的档案数据。

第二，访问控制是信息安全管理中的另一核心要素。档案机构需要建立一套完善的用户身份验证和授权机制，确保只有授权用户才能访问敏感的档案资料。这通常涉及用户名和密码的组合，以及更高级的多因素认证方法。

第三，网络安全措施也是保障档案数据安全的重要组成部分。档案机构应部署防火墙、入侵检测系统和防病毒软件等，以防止恶意软件和网络攻击。同时，定期进行网络安全评估和漏洞扫描，以识别和修复潜在的安全漏洞。

第四，在数字化过程中，档案机构应注意保护档案的原始性和完整性。采用数字签名和时间戳等技术，可以确保档案数据在创建、存储和传输过程中不被篡改。

第五，信息安全政策和规程的制定同样重要。档案机构应制定明确的信息安全政策，规定数据的使用、共享和保护规则。同时，通过培训和教育，提高员工和用户对信息安全的认识和责任感。

第六，档案机构还应建立信息安全事件的应急响应机制。在发生安全事件时，能够迅速采取措施，如隔离受影响的系统、恢复数据和调查事件原因，以减轻事件的影响。

（三）环境安全

环境安全直接关系到档案资料的长期保存和物理完整性。适宜的环境条件是档案保护工作的核心，能够显著延长档案的使用寿命，确保其原始状态得以维持。

第一，温湿度控制。档案材料，尤其是纸质文档，对环境的温湿度变化极为敏感。过高的温度和湿度会加速纸张的酸化和脆化过程，而过低的湿度则可能导致纸张干裂。档案机构必须通过专业的温湿度监控系统，确保档案存放环境的温度和湿度维持在适宜的范围内。

第二，防尘措施。灰尘和微生物的积累不仅会污染档案材料，还可能加速纸张的物理退化。档案机构应采取有效的空气过滤和清洁措施，减少档案存放环境中的灰尘含量。

第三，防污染措施。化学污染物，如气体、烟雾和有害化学物质，都可能对档案材料造成损害。档案机构需要评估档案存放环境的污染源，并采取相应的隔离和防护措施，如使用防污染的存储容器和柜架。

第四，光照管理。紫外线和可见光都会对档案材料产生负面影响，如褪色和化学结构破坏。档案机构应控制档案存放区域的光照强度和光照时间，使用防紫外线的照明设备和遮光窗帘。

第五，档案机构还应定期对档案存放环境进行评估和维护。这包括对温湿度控制系统、空气过滤系统和安全设施的检查，以及对档案存放区域的清洁和整理。

三、档案服务的保密性原则

档案服务的保密性原则是确保档案中包含的敏感信息得到妥善保护的一系列规范和措施。这一原则对于维护个人隐私、商业机密以及国家安全至关重要。档案的保密性要求档案机构在档案的收集、存储、使用和传播过程中，采取必要的措施来防止信息泄露和滥用。

档案服务的保密性原则是档案管理中的一个核心概念，它要求档案机构在处理、存储和提供档案信息时，必须确保涉及敏感信息的档案得到适当的保护，防止信息泄露给未授权的个人或组织。这一原则对于保护个人隐私、商业秘密以及国家安全至关重要。

第一，保密性原则的实施基于对档案信息性质的准确识别和分类。档案机构须对所持有的档案进行细致的审查，以识别其中包含的敏感信息，并对其进行相应的分类和标记。这些分类有助于确定哪些档案需要特别的保护措施，以及这些措施的严格程度。

第二，在档案的物理存储方面，保密性原则要求档案机构采取适当的安全措施，如限制对档案存放区域的物理访问、使用安全的存储设施和监控系统。此外，对于数字档案，保密性原则要求采取技术手段，如数据加密、访问控制列表和网络安全措施，以防止未授权的访问和数据泄露。

第三，档案服务的保密性原则要求档案机构采取全面的措施来保护档案中的敏感信息。通过准确的档案分类、严格的物理和信息安全措施、有效的访问控制、持续的安全审查和应急响应计划，档案机构能够确保档案信息的安全性和保密性，为社会提供可靠和值得信赖的档案服务。

第二节　档案服务的核心理念

一、用户中心理念

用户中心理念体现了档案机构对用户需求的高度重视和对服务导向的坚持。这一理念要求档案服务的提供者将用户置于工作流程的中心位置，确保服务的每一个环节都能够响应和满足用户的期望和需求。

在用户中心理念的指导下，档案机构致力于深入了解和分析用户的需求，包括他们对档案信息的检索、获取、利用及参与档案管理等方面的需求。通过用户调研、反馈收集和需求分析，档案机构能够识别用户的共性需求和个体差异，从而设计出更加贴合用户实际需求的服务方案。

为了实现用户中心理念，档案机构须不断优化服务流程，提高服务的透明度和可及性。这包括简化档案检索和获取的步骤，提供清晰的指引和帮助，以及采用高效的技术手段来提升服务效率。同时，档案机构还应提供个性化和多样化的服务，如定制化的档案信息推送、个性化的档案利用建议等，以满足不同用户的特定需求。

用户中心理念还要求档案机构建立有效的用户反馈机制，及时收集和处理用户的意见和建议。通过定期的用户满意度调查、用户访谈和用户反馈会议等方式，档案机构能够持续监测服务质量，发现服务中存在的问题，并采取相应的改进措施。

此外，用户中心理念还强调档案机构应加强与用户的互动和沟通，建立良好的用户关系。通过举办用户培训、用户座谈会、在线互动平台等活动，档案机构能够增强用户的参与感和归属感，促进用户与档案机构之间的互信和合作。

在数字化和信息化的背景下，用户中心理念还要求档案机构积极利用现代信息技术，为用户提供更加便捷和高效的档案服务。这包括开发用户友好的档案信息检索系统、提供在线档案利用服务、利用移动设备和社交媒体平台与用户进行互动等。

二、服务导向理念

（一）服务导向理念的实施策略

用户需求分析：档案机构应深入了解用户的多样化需求，包括档案信息的检索、获取、利用等方面的需求，以及用户对服务方式、服务渠道的期望。

1. 服务流程优化

服务流程优化要求对现有的服务流程进行系统的审视和持续的改进，以实现服务的高效性和用户满意度的最大化。

（1）简化服务步骤。档案机构需识别服务流程中的不必要环节，精简或重新设计流程，以减少用户在使用档案服务时的操作复杂性。这涉及到对档案检索、借阅、复制等各个服务环节的梳理，确保每一项操作都是高效且必要的。

（2）提高服务效率。档案机构应采用现代信息技术，如自动化检索系统、电子目录和自助服务终端等，以加快服务响应速度和处理时间。通过技术的应用，可以减少用户等待时间，提升服务的即时性和便捷性。

（3）减少用户等待时间。档案机构须通过流程再造和管理优化，缩短用户在服务过程中的等待时长。例如通过引入预约系统、快速通道或在线服务平台，可以有效分散用户流量，减少现场等待。

（4）提升用户体验。档案机构应关注用户在使用服务过程中的感受，提供清晰、友好的指导和帮助，确保用户能够轻松、愉悦地获取所需的档案信息。此外，档案机构还应建立用户反馈机制，及时收集用户意见，不断调整和改进服务流程。

2. 个性化服务提供

个性化服务提供是档案服务领域中的一项重要发展趋势，它体现了档案机构对用户需求多样性的认识和尊重。在这一理念指导下，档案机构致力于开发和实施定制化的服务策略，以满足不同用户的特定需求。

（1）对用户需求进行深入分析和理解。通过用户调研、行为分析和反馈收集等手段，档案机构能够识别用户的个性化需求和偏好。这种需求分析为个性化服务的提供奠定了基础。

（2）定制化的信息推送。档案机构可以根据用户的研究领域、兴趣点或历史查询记录，利用信息技术向用户推送相关的档案信息和资源。这种定制化的信息推送不仅提高了用户获取信息的效率，也增强了服务的相关性和针对性。

（3）个性化的咨询指导。档案机构可以提供一对一的咨询服务，帮助用户解决在档案查询和利用过程中遇到的问题。通过专业的咨询指导，用户能够更好地利用档案资源，提高研究和工作效率。

3. 服务渠道拓展

服务渠道的拓展是档案机构提升服务可达性和用户便利性的关键策略。在数字化和信息化时代背景下，档案机构须不断创新服务模式，以适应用户多变的服务需求和行为习惯。

（1）线上服务。档案机构通过建立网络平台，提供电子档案检索、远程访问、在线咨询等服务，使用户能够不受地理和时间限制地获取档案信息。线上服务的实施，需要档案机构构建稳定、安全、用户友好的网络环境，确保用户能够便捷地访问和利用档案资源。

（2）移动服务。随着智能手机和平板电脑的普及，移动服务成为用户获取信息和服务的新渠道。档案机构可以开发移动应用程序，提供移动访问服务，使用户能够在移动设备上进行档案查询、阅读和下载。此外，移动服务还包括利用短信、社交媒体等移动通信工具，为用户提供即时的信息推送和咨询服务。

（3）自助服务。档案机构可以设置自助服务终端，提供档案检索、打印、复印等服务。自助服务终端的设置，可以减少用户排队等候的时间，提高服务效率。同时，自助服务还可以结合智能化技术，如触摸屏操作、语音识别等，提升用户的互动体验。

（4）服务渠道的拓展包括利用社交媒体和即时通信工具，与用户建立更紧密的联系。档案机构可以通过社交媒体平台，发布档案信息、活动通知，与用户进行互动交流。此外，档案机构还可以通过即时通信工具，提供在线咨询和帮助，及时响应用户的需求。

在拓展服务渠道的过程中，档案机构须确保服务的质量和一致性。无论是线上服务、移动服务还是自助服务，都应遵循统一的服务标准和流程，确保用户在不同渠道获得的服务体验是一致的。

另外，服务渠道的拓展还应考虑用户的多样性和差异性。档案机构应根据不同用户群体的特点和需求，提供差异化的服务渠道。例如对于老年用户，可以提供电话咨询和现场服务；对于年轻用户，可以提供移动应用和社交媒体服务。

4. 服务人员培训

在档案服务领域，服务人员是与用户直接互动的第一线，他们的专业素养、服务态度和应变能力直接影响用户的服务体验和满意度。

（1）服务意识的培养。档案机构应通过培训，强化服务人员的用户导向思维，使他们深刻理解服务的核心价值，认识到自己的工作对于满足用户需求、提升机构形象的重要性。服务意识的增强有助于服务人员在实际工作中主动发现用户需求，提供更为贴心和周到的服务。

（2）专业能力的培训。档案机构须对服务人员进行系统的专业知识和技能培训，包括档案管理的基础知识、档案检索的技能、信息分析和处理的能力等。通过专业培训，服务人员能够更准确、高效地完成档案查询、咨询和提供等任务，提升服务的专业性和权威性。

（3）沟通技巧和应变能力的培训。良好的沟通技巧有助于服务人员与用户建立有效的沟通，准确理解用户需求，提供满意的解决方案。应变能力的培训则使服务人员能够在面对突发事件或用户特殊需求时，迅速做出反应，妥善处理问题。

（4）信息技术的应用培训。随着档案服务数字化、信息化的推进，服务人员需要掌握相关的信息技术，如电子检索系统的操作、数字化档案的处理等，以适应现代档案服务的需求。

服务人员培训是一个持续的过程。档案机构应建立长效的培训机制，定期对服务人员进行业务更新培训和职业发展指导，以适应档案服务领域不断发展和变化的需求。

（二）服务导向理念的实践意义

服务导向理念在档案服务领域的实践意义是多维的，它不仅关系到档案机构的服务质量和效率，也直接影响用户满意度和档案资源的有效利用。

第一，服务导向理念的实践有助于提升档案机构的服务质量。通过将用户需求放在首位，档案机构能够提供更为精准和个性化的服务，满足不同用户的特殊需求。这种以用户为中心的服务模式，能够增强用户对档案服务的满意度和信任感。

第二，服务导向理念的实践能够提高档案服务的效率。档案机构通过优化服务流程、简化服务步骤、引入自动化和信息化技术，能够减少用户等待时间，加快服务响应速度，从而提高整体服务效率。

第三，服务导向理念的实践有助于促进档案资源的有效利用。档案机构通过提供高质量的服务，能够吸引更多的用户利用档案资源，提高档案资源的使用率和影响力。同时，服务导向理念也鼓励档案机构开展档案资源的深度开发和创新应用，进一步提升档案资源的价值。

第四，服务导向理念的实践还有助于增强档案机构的社会责任感。档案机构作为公共文化服务的重要提供者，承担着传承历史、服务社会的重要使命。通过贯彻服务导向理念，档案机构能够更好地履行社会责任，为社会提供更加优质、高效的档案服务。

第五，服务导向理念的实践有助于推动档案服务的创新发展。在服务导向理念的指导下，档案机构能够更加敏锐地捕捉用户需求的变化，积极探索服务创新的途径和方法。这种创新不仅包括服务模式的创新，也包括服务内容、服务手段、服务技术的创新。

三、创新驱动理念

创新驱动理念鼓励档案机构采用新技术、探索新方法和引入新理念，以创新推动档案服务的发展。这包括数字化转型、信息技术应用、服务模式创新等，以适应时代发展和用户需求的变化。

（一）创新驱动理念的实施策略

1. 管理创新

管理创新是档案机构适应时代发展、提升服务质量和效率的关键途径。在档案服务领域，管理创新涉及对传统管理模式的重新审视和改进，以适应不断变化的工作环境和用户需求。

（1）扁平化管理。扁平化管理通过减少中间管理层级，缩短管理链条，从而加快信息流通的速度和提高决策效率。在扁平化管理模式下，档案机构的组织结构变得更加精简和灵活。这种精简化的结构能够减少信息传递过程中的层层阻碍，使得信息可以迅速传达至决策层，并快速落实到执行层面。结果是，档案机构能够更加敏捷地响应外部环境的变化，提高对用户需求的感知和满足能力。这种模式不仅提升了内部的工作效率，还大大增强了机构的应变能力和竞争力。

（2）项目制管理。项目制管理将档案工作分解为具体的项目，并通过项目团队的形式进行管理和执行。这种管理方式的核心在于明确责任分工，增强团队协作。通过项目团队的设立，每个团队成员的角色和职责变得更加清晰，工作目标也更加具体和明确。这种方式不仅提高了工作的针对性和效率，还增强了团队成员之间的合作与沟通，从而有效提升了整体工作质量。在项目制管理模式下，档案机构能够更加精准地制订和执行各类档案管理计划，确保各项目任务的顺利完成和项目的高效运行。

管理创新在档案机构中所展现的价值不仅体现在结构调整和工作模式的改变上，更在于其对组织文化和员工思维方式的深远影响。通过引入和实施管理创新，档案机构能够营造出一种开放、包容、创新的组织文化。这种文化鼓励员工积极参与到管理和服务创新的过程中，激发员工的创造力和主动性，使其能够不断提出新的想法和改进建议。与此同时，管理创新还能够促进知识的共享和传播，提升员工的综合素质和专业能力。

管理创新还涉及对新技术的应用和整合。档案机构可以通过引入先进的管理信息系统、数据分析工具和自动化技术来优化管理流程，提高工作效率。管理信息系统能够实现对档案资源的高效管理和利用，数据分析工具可以帮助机构更好地理解用户需求和行为，从而提供更加精准和个性化的服务。而自动化技术则能够在档案处理、存储和检索等环节中大大减少人工操作，提高工作效率和准确性。这些技术手段的应用不仅推动了档案管理工作的现代化和智能化，也为管理创新提供了坚实的技术支撑。

2. 技术创新

在当前数字化时代，技术创新成为档案机构推动工作现代化的核心驱动力。随着信息技术的迅猛发展，档案管理的传统模式已难以满足现代社会对信息处理的高效性、精准性和安全性的要求。技术创新不仅能优化档案管理的各个环节，还能赋予档案机构新的功能和价值，从而全面提升其服务能力和水平。

通过技术创新，档案机构能够实现档案资源的数字化管理。数字化技术的应用使得档案的收集、整理、存储和检索过程更加高效和便捷。数字化管理系统能够将大量的纸质档案转换为电子档案，极大地减少了实体空间的占用，同时也避免了因物理损坏导致的档案信息丢失。此外，数字化管理系统还可以通过高效的搜索引擎和分类索引，快速定位所需档案信息，极大地提升了档案检索的效率和准确性。

技术创新不仅限于硬件和软件的应用，还包括管理理念和工作模式的创新。档案机构通过引入大数据分析技术，可以对海量档案数据进行深入分析，挖掘档案数据的潜在价值，为决策提供科学依据。此外，人工智能技术的应用使得档案的自动分类、智能检索和智能推荐成为可能，进一步提升了档案管理的效率和智能化水平。在技术创新的推动下，档案机构还可以通过建立智能档案管理系统，实现档案管理的全面智能化。智能档案管理系统集成了多种先进技术，包括物联网技术、区块链技术和机器学习技术等，能够实现对档案的智能感知、智能管理和智能服务。物联网技术可以对档案的物理环境进行实时监控，保障档案存储环境的适宜性；区块链技术可以确保档案信息的不可篡改性和可追溯性，提高档案管理的透明度和可信度；机器学习技术则可以通过对历史数据的学习和分析，不断优化档案管理策略和服务流程。

技术创新为档案机构提供了前所未有的发展机遇。通过不断引入和应用先进技术，档案机构不仅能够提升自身的管理水平和服务能力，还能够在信息时代的浪潮中保持竞争优势。技术创新是档案工作现代化的必由之路，也是档案机构实现可持续发展的重要保障。在未来的发展过程中，档案机构需要持续关注技术前沿，积极探索技术应用的新模式，不断推进技术创新，全面提升档案工作的现代化水平。

（二）创新驱动理念的实践意义

创新驱动理念的贯彻实施，对于提升档案服务的专业性和创新性具有显著的推动作用。通过不断创新，档案机构能够更有效地响应快速变化的社会需求和技术进步，从而提供更为先进和个性化的服务。

第一，创新驱动理念的实践有助于提高档案服务的专业水平。档案机构通过采纳新的技术和方法，能够更高效地进行档案的收集、分类、存储和检索，确保档案信息的准确性和可获取性。这种专业性的提升，不仅提高了档案服务的质量和效率，也提高了档案机构在用户心中的权威性和信任度。

第二，创新驱动理念的实践能够增强档案机构的核心竞争力。在竞争激烈的服务市场中，档案机构通过不断创新服务模式和内容，能够更好地满足用户的多样化需求，提供独特的价值主张。这种创新能力的培养，使档案机构在服务市场中保持竞争优势，吸引并留住用户。

第三，创新驱动理念的实践有助于满足用户的个性化需求。随着用户对档案服务期望的提高，档案机构需要提供更加定制化和个性化的服务。通过创新，档案机构能够开发新的服务工具和渠道，使用户能够根据自己的需求和偏好，更便捷地获取档案信息。

第四，档案机构通过创新，不仅能够提升自身的服务质量和效率，还能够拓展服务领域，开发新的服务产品，为档案事业的持续发展注入新的活力。

第五，创新驱动理念的实践需要档案机构建立一种持续创新的文化。这种文化鼓励员工不断探索新的服务方法和技术，支持创新思维的产生和实施。通过建立创新机制和激励措施，档案机构能够激发员工的创新潜能，形成持续创新的动力。

第三节　档案服务机制的优化

一、更新服务功能

档案服务部门要树立大服务理念。档案服务不仅要履行为党管档、为国守史、为民服务的重任，还要体现出政治属性、文化属性、公共属性。档案服务作为实现档案价值的落脚点，针对供给侧改革，要考虑到如何提升利用率。进入21世纪以来，档案服务从原有的"国家模式"转变为"社会模式"，其服务群体由国家转向公众。档案服务要基于资源与专业优势，要依据习近平总书记提出的"让历史说话，用史实发言"，实现档案资源的"活化"。档案服务对象要进一步扩大，不仅针对党政机关、企事业单位，还要面向各类经济体、社会组织以及个人；不仅要为决策服务，还要为民生服务。服务手段要提升，可以将网络技术、云计算、大数据等技术应用于服务功能提升中，实现线上、线下的共同作用，实现多元化可移动服务。

（一）服务理念的更新

服务理念的更新是服务功能更新的核心。档案机构须采纳用户中心的服务理念，关注用户需求，提供个性化和差异化的服务。这要求档案机构深入了解用户的使用习惯、偏好和反馈，不断调整服务策略，以提升用户满意度。

（二）服务技术的更新

技术是更新服务功能的基础。档案机构应引入先进的信息技术，如人工智能、大数据分析、云计算等，以提高档案管理的自动化和智能化水平。这些技术能够提升档案检索的效率，优化档案存储解决方案，增强档案的可访问性和安全性。

1.人工智能技术在档案服务中的运用

人工智能技术作为当代信息技术领域的前沿方向，对档案服务技术的更新产生了深远的影响。该技术通过模拟人类的学习和认知过程，极大地提升了档案管理的智能化水平，为用户提供了更加精准和高效的服务体验。

（1）机器学习作为人工智能的关键组成部分，使得档案机构能够处理和分析大量数据，从而识别用户行为模式和偏好。通过机器学习算法，档案系统能够自动优化检索结果，为用户提供更加个性化的档案检索服务。这种智能化的检索方式不仅提高了检索效率，也增强了检索结果的准确性和相关性。

（2）自然语言处理技术使得档案机构能够理解和处理人类语言，提供更加自然和直观的交互方式。利用自然语言处理技术，档案系统可以解析用户的查询意图，提供更加精准的搜索建议和结果。此外，该技术还能够实现对档案内容的自动分类和标注，简化档案管理流程，提高档案的可检索性。

（3）人工智能技术还能够提供智能推荐服务。基于用户的历史行为和偏好，档案系统可以自动推荐相关的档案资料和信息资源，使用户能够更快捷地发现和获取所需信息。智能推荐不仅提升了用户的服务体验，也为档案机构提供了一种新的服务模式。

（4）人工智能技术还能够辅助档案机构进行自动化的档案管理和维护工作。例如利用图像识别和模式识别技术，档案系统可以自动识别和分类档案图像，减少人工操作的需要。同时，人工智能还能够监测和预测档案的使用情况和发展趋势，为档案机构的决策提供数据支持。

2.大数据分析技术在档案服务中的应用

大数据分析技术在档案服务领域的应用，正日益成为提升服务质量和效率的关键因素。该技术通过处理和分析海量档案数据，为档案机构提供了深入洞察用户需求和行为模式的能力。

（1）大数据分析技术使得档案机构能够从庞大的档案数据中提取有价值的信息。通过对档案使用记录、用户查询日志和反馈数据的分析，档案机构可以识别出用户对档案资源的利用趋势和偏好，从而为用户提供更加精准的服务。

（2）大数据分析技术的应用有助于档案机构实现服务策略的优化。通过对用户行为的深入理解，档案机构可以调整服务内容和方式，以更好地满足用户需求。例如通过分析用户对特定档案资源的访问频率和时间，档案机构可以调整资源的存储和检索策略，提高资源的可用性和可访问性。

（3）大数据分析技术还可以支持档案机构提供个性化服务。利用用户的历史行为数据和偏好信息，档案机构可以构建用户画像，为用户提供定制化的档案推荐和信息服务。这种个性化服务不仅提高了用户满意度，也提高了档案资源的利用效率。

（4）大数据分析技术还能够辅助档案机构进行风险管理和决策支持。通过对档案使用和用户行为的实时监控和分析，档案机构可以及时发现潜在的问题和风险，采取预防措施。同时，大数据分析结果也可以为档案机构的战略规划和资源配置提供数据支持。

3. 云计算技术在档案服务中的应用

云计算技术的应用在档案服务领域引发了一场深刻的变革。作为一种创新的信息技术应用模式，云计算提供了按需自助服务、广泛的网络访问、资源池化、快速弹性及按使用量付费等特点，极大地增强了档案机构在数据管理、服务提供和业务协作方面的能力。

（1）云计算技术通过其资源池化的优势，为档案机构提供了几乎无限的存储空间和计算能力。档案机构可以将庞大的档案数据存储在云端，而无须担心本地存储空间的限制。这种远程存储解决方案不仅减少了档案机构的硬件投资和维护成本，也提高了数据的安全性，因为云服务提供商通常会采取严格的安全措施来保护数据。

（2）云计算的快速弹性特性使得档案机构能够根据需求快速扩展或缩减资源。在面对大量用户访问或数据处理任务时，档案机构可以即时增加计算资源，以应对需求高峰，而在需求减少时，又可以相应减少资源，实现成本效益的最大化。

（3）云计算技术支持的远程访问能力极大地提高了档案服务的可达性。用户可以随时随地通过网络访问档案资源，不再受限于档案机构的地理位置和开放时间。这种灵活性不仅提升了用户体验，也为档案机构拓宽服务范围提供了可能。

（4）云计算促进了档案服务的协作性。通过云平台，档案机构可以与其他机构或研究人员共享资源、协同工作，共同开展档案的研究、整理和利用。这种协作模式不仅提高了工作效率，也有助于打破信息孤岛，促进知识的共享和传播。

4. 移动和社交媒体技术在档案服务中的应用

移动和社交媒体技术的兴起，为档案服务领域带来了创新的服务模式和增强用户体验的新机遇。这些技术的融合不仅改变了用户获取信息和服务的方式，也对档案机构的服务方式提出了新的要求。

（1）移动技术的应用使得档案服务更加便捷和可访问。随着智能手机和平板电脑的广泛使用，用户期望能够通过移动设备随时随地访问档案资源。档案机构可以通过开发移动应用程序，提供移动友好的界面，使用户能够轻松地搜索、浏览和下载档案材料。此外，移动应用还可以提供个性化的推送通知、定位服务和即时通信功能，以增强用户的互动体验。

（2）社交媒体技术为档案机构提供了与用户进行实时互动和沟通的新渠道。档案机构可以利用社交媒体平台，发布档案信息、新闻更新和活动通知，与用户建立更直接的联系。通过社交媒体，档案机构还可以收集用户反馈、参与讨论和传播档案知识，从而提高档案服务的社会影响力。

（3）社交媒体技术能够帮助档案机构扩大其受众范围和提升品牌知名度。通过在社交媒体上分享有趣的档案故事和内容，档案机构可以吸引更多用户的关注和参与。此外，社交媒体上的用户互动和内容分享，也能够增加档案资源的可见度和传播力。

二、释放服务潜能

释放档案服务潜能是档案服务部门适应信息时代要求、满足社会需求的重要任务。这一任务要求档案服务部门从多个维度进行优化和创新，以提升服务质量和效率。

（一）优化馆藏结构

优化馆藏结构是档案服务部门提升服务质量和满足社会需求的重要策略。馆藏结构的优化旨在确保档案资源的多样性和全面性，以全面反映社会生活的各个方面。

第一，档案服务部门须对现有馆藏进行全面的审查和评估。这一过程涉及对馆藏内容的系统梳理，包括档案的类型、年代、来源和主题等。通过这一评估，档案服务部门能够识别出馆藏中存在的空白领域和不足之处，为进一步的收集和整理工作提供依据。

第二，档案服务部门应通过有针对性的收集工作来补充馆藏资源。这可能包括对特定历史时期的档案进行专项收集，对某些社会群体或文化现象的档案进行专题搜集，以及对新兴领域或技术发展的档案进行前瞻性收集。这些收集工作有助于填补馆藏的空白，增加馆藏的多样性。

第三，档案服务部门须对馆藏资源进行整理和分类。这一工作不仅涉及对档案的物理整理，如归档、编目和保管，也包括对档案的数字化处理，以提高档案的可访问性和可用性。通过科学地分类和整理，档案服务部门能够更有效地管理和利用馆藏资源。

第四，优化馆藏结构需要档案服务部门关注档案资源的长期保护和可持续管理。这包括对档案的保护技术、存储条件和维护策略进行定期的评估和更新，以确保档案的完整性和安全性。

（二）确保门类齐全完整

门类的齐全和完整是评价一个馆藏建设成功与否的关键标准。这意味着，馆藏不仅要包含传统的书籍、期刊、报纸等纸质资源，还应包括电子书籍、数据库、多媒体材料等现代信息载体。

第一，政治领域的档案资源是馆藏建设的重要组成部分。这包括政府文件、政策分析、政治理论著作等，它们对于理解国家政策、法律框架以及政治发展趋势至关重要。这些资源对于学者、政策制定者，以及对政治感兴趣的普通公民都具有极高的参考价值。

第二，经济领域的档案资源同样不可或缺。经济数据、市场分析报告、经济学著作等，为经济学研究者、商业决策者及对经济现象感兴趣的读者提供了宝贵的信息。这些资源有助于用户洞察经济趋势，理解市场动态，从而做出更加明智的决策。

第三，文化领域的档案资源则涵盖了文学、艺术、历史、民俗等各个方面。

这些资源不仅丰富了人们的精神生活，也是文化传承和创新的基础。通过这些资源，用户可以深入了解不同文化背景下的价值观、生活方式和艺术表现形式，促进文化交流和理解。

第四，科技领域的档案资源包括科学论文、技术手册、专利文献等。这些资源对于科研人员、技术开发者及对科技进步感兴趣的读者来说，是探索新知识、新技术的重要途径。科技领域的快速发展要求馆藏建设能够及时更新，以反映最新的科研成果和技术进展。

为了实现门类的齐全和完整，档案服务部门需要制定科学的收藏策略，包括资源的选择、采购、分类和维护。这需要对市场进行深入的研究，了解用户需求，同时也要考虑到资源的可获得性、成本效益和长期价值。

（三）注重资源的收集和整理

在档案服务部门的工作中，资源的收集和整理是构建高质量馆藏的基础。这一过程不仅涉及对现有资源的系统化管理，还包括对散失在社会中的重要档案的积极搜寻和补充。

第一，明确其收集范围和重点，这通常包括历史文献、地方志、重要人物的个人档案，以及反映社会变迁和文化特色的档案材料。这些档案因其典型性和代表性，对于学术研究、教育传播及文化传承具有不可替代的价值。

第二，征集。通过与个人、机构或组织的合作，档案服务部门可以征集到独特的档案资料。这可能包括历史事件的见证物、名人的手稿、珍贵的照片集等。征集过程中，档案服务部门需要确保档案的真实性、完整性，并对其进行适当的保护和数字化处理，以便于长期保存和利用。

第三，复制。尤其适用于那些无法移动或不宜频繁使用的珍贵档案。通过高精度的复制技术，可以制作出与原件极为相似的副本，既保护了原件，又满足了研究和展示的需要。

第四，捐赠。许多个人和机构愿意将其收藏的档案无偿捐赠给档案服务部门，这不仅丰富了馆藏，也体现了社会对档案工作的支持和认可。对于捐赠的档案，档案服务部门应给予适当的认可和感谢，并确保捐赠档案得到妥善管理和利用。

在收集过程中，档案服务部门还需重视档案的整理工作。这包括对档案进行分类、编目、数字化等，以便检索和利用。整理工作需要遵循相关的档案管理标准和规范，确保档案信息的准确性和可读性。

第四节　档案服务模式的创新

"社会经济的高速发展，现代信息技术的迅猛提高，信息时代步伐也随之加快。传统的档案管理服务模式与人们快节奏、高速度的生活要求渐行渐远，档案服务模式的创新已经成为档案工作利用的重点发展方向。"[①]

档案的价值不仅体现在资政育人的社会价值和文化价值方面，更体现在促进生产力发展的经济价值方面；既体现在记载展示过去的历史价值方面，更体现在凭证价值、参考价值方面。随着社会信息化的深入与社会公众信息知情权的觉醒，档案信息资源共享已经成为一种社会需求。档案，已经由传统意义演变为信息、资源、财富等社会无形资产，也是生产力要素之一，凭借其强大的软实力，在经济建设及社会发展中发挥着无可替代的作用。随之，档案工作的任务、工作内容、服务对象都发生着深刻的变化，传统的档案服务模式已无法适应新形势的需要，必然为新的服务模式所取代。

一、转变传统被动的服务理念为主动的服务理念

服务理念创新是档案服务创新的灵魂，实现档案服务模式创新必须实现服务理念创新。

（一）社会需求决定了档案服务理念

在信息时代背景下，档案服务理念的创新已成为档案馆适应社会发展、满足公众需求的必然趋势。档案服务不再局限于传统地保管和提供档案资料，而是要与时俱进，以社会需求为导向，不断创新服务模式，提升服务质量。

第一，档案服务理念的创新要紧跟信息发展的步伐。信息技术的快速发展，特别是互联网、大数据、云计算等技术的广泛应用，为档案服务提供了新的手段和平台。档案馆应充分利用这些技术，实现档案资源的数字化、网络化，提高档

---

① 李仙丽 . 信息时代档案服务模式的探讨 [J]. 办公室业务，2014（15）：207-207.

案资源的可获取性和可利用性。通过建立在线档案数据库、电子档案馆等，档案馆可以突破时间和空间的限制，为公众提供更加便捷、高效的服务。

第二，档案服务理念的创新要满足公众多元化的需求。随着社会的发展，公众对档案信息的需求越来越多样化，不仅包括对档案资料的查询和利用，还包括对档案信息的解读、分析和应用。档案馆应转变服务理念，从单一的档案保管者转变为档案信息的提供者和解读者，为公众提供更加丰富、深入的服务。这可能包括档案资料的深度解读、档案信息的专题分析、档案知识的普及教育等。

第三，档案服务理念的创新还要关注公众需求的层次性。不同层次的公众对档案信息的需求也不尽相同。档案馆应根据不同层次公众的需求，提供差异化的服务。对于学术研究者，档案馆可以提供原始档案的深度解读和专题研究服务；对于普通公众，档案馆可以提供档案知识的普及教育和文化体验服务；对于政府和企业，档案馆可以提供档案信息的决策支持和咨询服务。

第四，档案服务理念的创新还需要注重服务模式的多样化。传统的档案服务模式往往以档案馆为中心，公众需要到档案馆现场查询和利用档案资料。随着社会的发展，这种服务模式已难以满足公众的需求。档案馆应创新服务模式，实现服务的多元化和个性化。例如通过建立移动档案馆、虚拟档案馆等，档案馆可以为公众提供随时随地的服务；通过开展档案文化活动、档案知识竞赛等，档案馆可以吸引更多的公众参与档案服务，提高档案服务的互动性和趣味性。

第五，档案服务理念的创新还要强化服务的主动性和前瞻性。档案馆不应仅仅被动地满足公众的需求，而应主动地了解和预测公众的需求，提前做好服务的准备和规划。这可能需要档案馆加强与社会各界的沟通和合作，了解不同领域、不同群体的需求变化；需要档案馆加强档案资源的开发和利用，不断丰富和更新档案服务的内容和形式。

（二）档案服务工作的现状决定了档案服务理念

在信息时代，档案服务工作的传统模式已难以满足社会对档案信息资源的高速度、高质量的需求。长期以来，档案工作偏重档案的管理和保管，而忽视了档案的利用和服务，这种"重管轻用"的服务模式已经严重滞后于时代的发展。因此，档案服务理念必须进行创新，以适应社会需求的变化。

第一，档案服务理念的创新，要求档案工作者和档案部门树立主动服务意识。传统的档案服务往往是被动的，等待用户上门查询，这种"等客上门"的服务模式已经不能满足现代社会的需求。档案工作者需要转变角色，从"管理员"向"经纪人"转变，不仅要负责档案的管理和保管，更要主动地了解用户需求，为用户提供个性化、精准化的服务。

第二，档案部门需要进行角色转变，从档案"收藏保管的库房"向"可开发的资源"转变。档案部门要充分认识到档案资源的价值，不仅要保管好档案，更要开发和利用好档案资源，为用户提供更加丰富、深入的服务。

第三，档案服务理念的创新，需要档案部门加强与社会各界的合作。档案资源的开发和利用需要多学科、多领域的知识和技术，档案部门要积极与学术机构、教育机构、文化机构等进行合作，共同推动档案资源的开发和利用。这种跨界合作不仅可以汇聚多方的智慧和资源，还可以提高档案服务的质量和效益。

（三）档案服务对象的演变决定了档案服务理念

档案服务对象的演变也要求档案服务理念必须创新档案信息资源利用者的演变决定了的社会需求内容也发生着变化，社会需求内容的变化决定了档案服务内涵的变化，档案服务内涵的变化最终又决定了服务理念也要随之变化不断创新。可以说，极大部分的档案服务理念源于利用者，档案服务及服务理念是靠利用者的推动不断发展。

二、由重事轻人向以人为本转变

档案服务创新的重点应由传统的重事轻人、重管理轻服务转向社会大众化人性化，以人为本的服务将占据主导地位。档案服务既要树立利用者至上的意识，还要走出只为利用者服务的误区。

（一）树立用户至上的意识

"新时代，档案利用服务人员业务素质要求既有知识层面的也有能力层面的。培育档案利用服务专业化团队需要多措并举，在档案利用服务人员的工作理念上坚持以人为本、用户至上，塑造其提供优质、温馨服务的精神；强化'档案意识'和'服务能力'，有效推进档案工作人员服务水平的不断提升；档案服务人员创新工作方式，提供优质的档案利用服务。"①

　　档案工作的最终目的是使档案得到最大限度地开发利用，实现其价值，因而档案利用者是档案工作存在的意义。在日常工作中，要把注意力放在对利用者的把握上，将利用者的需求作为档案服务工作的出发点和落脚点，将以人为本贯穿整个服务过程中。要不断对利用者进行研究，分析利用者的需求，以已知的当前利用者和潜在利用者的需求、利用者已知的需求和潜在的需求为动力，不断提高信息利用的预测能力，为利用者消除各种障碍，从而提高利用率，实现档案的资源价值。

　　建立以利用者为中心的服务模式，根据利用者的不同采取不同的服务策略，提供不同的服务内容。服务时空个性化，根据利用者需要在不同的时间和地点提供服务；服务方式个性化，根据利用者利用特点来展开服务；服务内容个性化，为利用者提供所需服务。总之，要量体裁衣、有的放矢地提供服务，使利用者各取所需、各得其所。

1. 提升"以人为本"的管理理念

　　档案部门在日常管理中应坚持以人为本的管理理念，关注档案工作者的成长和发展。这包括以下四方面。

　　（1）尊重与信任：在档案管理领域，尊重与信任被视为促进档案工作者专业发展的重要基石。档案工作者作为信息管理和知识服务的关键执行者，其专业意见和工作能力应得到充分尊重。在这一过程中，赋予档案工作者足够的自主权，不仅能够激发其内在动力，也有助于提高工作效率和质量。自主权的赋予，意味着档案工作者在完成任务时拥有更多的决策自由度，这有助于他们根据具体情况灵活调整工作策略，进而实现工作目标的高效实现。

　　（2）培训与发展：培训与发展是档案工作者职业生涯中不可或缺的一部分。随着信息技术的快速发展和档案管理需求的日益多样化，档案工作者需要不断更新其知识结构和技能储备。为此，档案管理部门应提供持续的培训和学习机会，包括但不限于档案管理理论、信息技术应用、信息安全知识等。通过系统的培训计划，档案工作者能够掌握新知识和技能，有效应对档案管理领域的新挑战，提升自身的专业竞争力。

---

① 黄晓晖. 探析档案利用服务专业化团队的培育 [J]. 吉林广播电视大学学报，2016（3）：71-72.

（3）激励与认可：激励与认可是推动档案工作者发挥创造力和提高工作绩效的重要手段。合理的激励机制能够激发档案工作者的积极性和主动性，促使他们在工作中投入更多的热情和精力。同时，及时的认可和奖励对于巩固档案工作者的成就感和归属感具有重要作用。这种正向反馈机制有助于建立一个积极的工作环境，促进档案工作者之间的相互合作与支持，共同推动档案事业的发展。

（4）健康与安全：健康与安全是档案工作者工作环境中不可忽视的方面。档案管理部门应致力于营造一个安全健康的工作环境，通过合理的工作安排、适宜的工作环境设计及必要的健康保障措施，减少职业病的发生，保障档案工作者的身心健康。此外，档案工作者的心理健康同样重要，管理部门应关注其工作压力和心理状态，提供必要的心理支持和咨询服务，确保档案工作者在良好的身心状态下开展工作。

2. 增强"以人为本"的服务意识

档案工作者的服务意识直接关系到档案服务的质量和效率。增强服务意识，需要档案工作者做到以下四点。

（1）以用户为中心：以用户为中心的服务理念是提升档案服务质量的关键。档案工作者应始终将用户需求置于工作核心，通过提供个性化和精准化的服务，满足用户在档案利用过程中的具体需求。这种服务模式要求档案工作者深入理解用户的目标和期望，从而设计和实施更加贴合用户需求的服务策略。

（2）主动沟通：主动沟通是实现以用户为中心服务理念的重要途径。档案工作者应采取积极的沟通策略，与用户进行有效互动，收集用户反馈，了解其需求变化。通过主动沟通，档案工作者能够及时捕捉用户需求的细微变化，为服务流程的优化提供第一手资料，进而实现服务内容与用户需求的精准对接。

（3）快速响应：快速响应机制是档案服务中不可或缺的一环。档案工作者应对用户的查询和请求做出迅速反应，缩短用户等待时间，提升服务的即时性和有效性。快速响应不仅能够增强用户的满意度，还能够在紧急情况下为用户提供及时的支持，确保档案服务的连续性和可靠性。

（4）持续改进：持续改进是档案服务质量管理的持续过程。档案工作者应根据用户的反馈和市场环境的变化，不断审视和调整服务内容与方式。通过持续改进，档案服务能够适应外部环境的变化，同时满足用户日益增长的服务需求。

这种动态的管理过程有助于档案服务实现长期的优化和发展，确保服务质量的持续提升。

（二）树立档案工作者的"资本意识"

为利用者提供服务的是档案工作者，档案部门日常管理中要以人为本，视档案工作人员为最有价值和最富竞争力的资本，真正做到爱才、惜才、用才，创造良好的工作环境，和谐的工作氛围，促使档案工作者增强服务意识，掌握新知识和新技能，进一步激发档案服务工作的创造力，不断提高档案服务水平，从而为利用者提供更为优质的服务，也同时促进档案事业的健康良好发展。

1. 档案工作者"资本意识"的重要性

（1）提升服务质量。资本意识的培养能够显著提升服务质量。档案工作者在认识到自身作为组织宝贵资本的同时，将更加注重提供精准、高效的档案服务。这种服务意识的增强，不仅能够满足用户的具体需求，还能够在档案的整理、保管、检索等环节中实现更高的工作效率和质量标准。

（2）促进个人成长。在档案管理这一知识密集型领域，持续学习新知识、掌握新技能是档案工作者适应时代发展、提升个人竞争力的必由之路。资本意识的培养激发了档案工作者对专业成长的渴望，推动他们不断追求卓越，实现职业生涯的持续进步和发展。

（3）增强组织竞争力。档案工作者的资本意识对于增强组织的竞争力同样至关重要。档案工作者的专业能力和服务水平是组织竞争力的重要组成部分。一个具有高度资本意识的档案工作者团队，能够通过其专业技能和服务质量，为组织赢得良好的声誉和市场地位，从而在激烈的竞争中保持优势。

2. 树立档案工作者"资本意识"的策略

（1）专业培训与教育。

第一，组织通过提供定期的专业培训和教育机会，不仅能够确保档案工作者的知识体系与时俱进，而且有助于他们掌握最新的档案管理技术和方法。

第二，专业培训的内容应涵盖档案管理的基础理论、实践技能及新兴技术的应用。这包括档案的数字化处理、信息安全、数据保护，以及档案资源的开放与共享等方面。通过这些培训，档案工作者能够更加深入地理解档案的价值和作用，提高对档案工作重要性的认识。

第三，专业培训与教育应考虑到档案工作者个体差异，提供个性化的学习路径和资源。这可以通过建立灵活的学习平台、实施定制化的培训计划等方式实现。通过这种方式，档案工作者能够根据自己的需求和兴趣，选择最适合自己的学习内容和方式，从而实现更加有效的个人发展。

（2）职业发展规划。

第一，职业发展规划应基于档案工作者的个人兴趣、专业技能和职业目标来制定。通过个性化的职业规划，档案工作者能够明确自己的职业定位和发展方向，从而更有针对性地提升自己的专业能力和综合素质。

第二，组织应提供多样化的晋升机会，包括职位晋升、专业资格认证等，以满足档案工作者不同阶段的职业发展需求。晋升机会的提供，不仅能够激励档案工作者不断提升自我，还能够为其提供更广阔的职业发展空间。

第三，通过职位轮换，档案工作者能够接触到档案管理的不同领域和环节，从而拓宽视野，增强自身的综合能力和适应性。同时，职位轮换还有助于培养档案工作者的创新思维和解决问题的能力。

第四，组织应建立有效的职业发展支持系统，包括职业咨询、培训资源、职业发展基金等，为档案工作者的职业发展提供必要的支持和帮助。通过这些支持，档案工作者能够更加顺利地实现自己的职业发展目标。

（3）激励与认可机制。

第一，激励机制应基于档案工作者的工作绩效和专业贡献进行设计。通过量化和定性相结合的方式，对档案工作者的工作成果进行客观评估，确保激励机制的公平性和透明性。这种评估方式不仅能够准确反映档案工作者的工作表现，还能够为其提供明确的改进方向和提升目标。

第二，认可机制应注重档案工作者的个人价值和团队贡献。组织应当通过多种形式，如表彰大会、荣誉证书、公开表扬等，对档案工作者的优秀表现和突出贡献给予认可和肯定。这种认可不仅能够增强档案工作者的荣誉感和成就感，还能够在组织内部形成积极向上的工作氛围。

第三，激励与认可机制具有灵活性和多样性。组织可以根据档案工作者的不同需求和期望，提供多样化的激励方式，如物质奖励、职位晋升、专业培训等。这种多样化的激励方式能够满足档案工作者的个性化需求，提高激励机制的有效性和吸引力。

第四，激励与认可机制的实施应注重及时性和持续性。组织应当在档案工作者完成重要工作或取得显著成果后，及时给予反馈和奖励，以强化其工作动机。此外，组织还应当建立长效的激励与认可机制，确保档案工作者在职业生涯的各个阶段都能够获得持续的激励和支持。

第五，激励与认可机制的建立和实施应充分考虑档案工作者的参与和反馈。组织可以通过问卷调查、座谈会等方式，收集档案工作者对激励与认可机制的意见和建议，确保机制的设计和实施更加符合档案工作者的实际需求和期望。

三、由传统手工方式向现代化网络服务方式转变

档案工作的最终目的是提高档案的利用率，而提高利用率则是实现档案价值的最佳途径。传统档案服务方式是手工利用档案原件，属单一被动的服务手段，反复调阅案卷，效率低，出错率大，漏查的概率很大，时效性差。

而现代信息化的社会，时间就代表着效益，时间就代表着价值，档案部门要重视时效观念，在提高信息处理质量的同时也不断提高信息处理的速度。现代信息化网络化自动化服务手段，方便任何利用者在任何时间任何地点都可以访问网站获取所需信息；利用者既可进行光盘检索联机检索，也可网上浏览漫游查询，查询途径灵活多样，利用渠道方便实用，服务方式多功能全方位，服务时效快速便捷，加快信息的反馈和传递，极大地方便了利用者，更便于实现档案工作的价值。

（一）传统手工方式的特点

传统手工方式在档案管理中主要依赖纸质文件和人工操作。这种方式虽然在历史上发挥了重要作用，但随着信息量的激增和用户需求的多样化，其局限性逐渐显现。手工方式在信息检索速度、存储容量、数据共享等方面存在明显不足，难以满足现代社会对档案服务的高效性和便捷性要求。

1. 物理存储的依赖性

传统手工方式的一个显著特点是对物理存储空间的依赖。档案以纸质形式存在，需要在档案室内占据实际的物理空间。这种方式在存储上具有一定的局限

性，例如易受环境因素如湿度、温度影响，且随着档案数量的增加，存储空间的需求也会相应增长。

2.人工操作的中心性

在手工方式中，人工操作占据了档案管理的中心地位。从档案的收集、分类、编目到检索和借阅，每一步都离不开档案工作者的直接参与。这种操作方式虽然在一定程度上保证了档案管理的个性化和灵活性，但也使得档案管理的效率受人工操作速度和档案工作者专业能力的限制。

3.检索速度的限制

信息检索是档案管理的关键环节之一。在传统手工方式下，检索通常需要通过翻阅目录、索引或直接在档案架上查找，这一过程往往耗时较长，且容易受人为因素的干扰，如检索人员的熟悉程度、工作状态等，导致检索速度和准确性受限。

4.存储容量的局限

随着社会信息化程度的提高，档案数量急剧增加，传统手工方式在存储容量上的局限性愈发明显。纸质档案的物理特性决定了其存储空间的有限性，难以适应大规模档案存储的需求，同时也增加了档案管理的复杂性。

5.数据共享的障碍

在数据共享方面，传统手工方式面临着较大的障碍。纸质档案的共享通常需要通过复制、邮寄等方式进行，这不仅效率低下，而且容易在复制和传递过程中造成信息的丢失或损坏。此外，纸质档案的复制和分发也涉及版权和保密性的问题。

（二）现代化网络服务方式的优势

现代化网络服务方式，依托于信息技术的发展，特别是互联网技术的普及，为档案管理带来了革命性的变化。网络服务方式具有以下三方面的优势。

1. 高效性

网络服务方式在档案管理领域中所体现的高效性，是其显著优势之一。与传统手工方式相比，网络服务方式通过数字化技术的应用，实现了对档案信息的快速检索和处理。这种效率的提升，主要得益于以下四方面。

（1）数字化档案的存储和索引机制，使得信息检索过程从物理翻阅转变为电子查询。档案工作者可以通过关键词搜索、高级检索等方式，迅速定位所需档案，大大缩短了检索时间，提高了检索的精确度。

（2）网络服务方式下的自动化处理流程，减少了人工操作的环节，降低了因人为因素导致的错误率。自动化的索引、分类、编目等操作，不仅提高了档案管理的标准化水平，也释放了档案工作者从烦琐的手工劳动中，使其能够更专注于档案的分析和研究工作。

（3）网络服务方式支持远程访问和操作，用户无须亲临档案馆，即可通过网络访问所需的档案信息。这种远程服务能力，突破了地理和时间的限制，为用户提供了更加便捷的档案利用方式，同时也减轻了档案馆的接待压力。

（4）网络服务方式还支持大规模并发访问，即使在用户访问量剧增的情况下，也能够保持较高的服务响应速度和稳定性。这一点在面对突发的大量信息需求时尤为重要，如在学术研究、政策制定等场景下，能够快速响应并提供必要的档案支持。

2. 便捷性

网络服务方式所带来的便捷性，为档案资源的访问和利用提供了前所未有的灵活性。在这种服务模式下，用户能够突破传统物理空间的限制，实现对档案资源的即时访问。

（1）网络服务方式基于互联网的普及和高速数据传输技术，使用户无论身处何地，只要有网络连接，即可访问档案资源。这种访问方式不受时间限制，用户可以根据自己的时间安排，随时进行档案检索和阅览，极大地提高了档案利用的效率。

（2）网络服务方式支持多种终端设备的接入，包括个人电脑、移动电话、平板电脑等。用户可以根据自己的使用习惯和环境条件，选择合适的设备进行档案访问，这种多终端支持进一步增强了档案服务的便捷性。

（3）网络服务方式下的档案资源通常配备有高级搜索功能，如关键词检索、全文搜索、高级过滤等。这些功能使得用户能够快速定位所需信息，无须在大量无关数据中耗费时间，从而提升了检索的精确度和效率。

（4）网络服务方式还提供了用户友好的界面设计和交互体验，简化了档案访问的步骤，降低了用户使用档案服务的门槛。即使是初次使用的用户，也能够在直观的导航和帮助下，轻松找到并利用档案资源。

3. 共享性

网络服务方式在档案资源管理中所体现的共享性，是其核心优势之一。这种服务方式通过数字化和网络化技术的应用，实现了档案资源的广泛共享，极大地促进了知识的传播和交流。

（1）网络服务方式通过建立统一的档案信息平台，使得不同地域、不同机构的用户都能够访问到相同的档案资源。这种跨地域的资源共享，打破了传统档案管理的地理限制，使得档案信息能够更加广泛地传播和利用。

（2）网络服务方式支持档案资源的多用户访问和使用。通过合理的版权管理和访问控制机制，多个用户可以同时访问和利用同一档案资源，提高了档案资源的利用效率。这种多用户共享机制，不仅满足了用户对档案资源的多样化需求，也为学术研究、教育传播等活动提供了更加丰富的信息支持。

（3）网络服务方式还支持档案资源的动态更新和维护。档案机构可以根据需要，及时更新和维护档案资源，确保档案信息的时效性和准确性。这种动态共享机制，使得用户能够随时获取到最新的档案信息，提高了档案服务的响应速度和服务质量。

（4）网络服务方式还支持档案资源的个性化推荐和服务。通过用户行为分析和智能推荐技术，档案机构可以根据用户的需求和偏好，提供个性化的档案推荐和服务。这种个性化的共享机制，不仅提高了档案资源的利用效率，也提升了用户的服务体验。

（5）网络服务方式的共享性还体现在其对新兴技术的整合能力上。随着大数据、人工智能等技术的发展，网络服务方式可以不断整合这些新兴技术，实现更加智能化、个性化的档案资源共享和服务。

4.安全性

网络服务方式在档案管理中对安全性的重视，是确保档案信息长期稳定和可靠利用的关键。通过加密技术和访问控制等安全措施，网络服务方式为档案信息的安全提供了更为坚实的保障。

（1）加密技术是网络服务方式中用于保护档案信息不被未授权访问或篡改的重要手段。通过应用强加密算法，档案数据在存储和传输过程中均可以进行加密处理，确保只有拥有相应密钥的用户才能访问和解读档案内容，从而有效防止数据泄露和非法访问。

（2）访问控制机制是网络服务方式中用于规范用户访问行为的另一项关键技术。通过设置用户权限、身份验证和访问日志等措施，访问控制能够确保只有经过授权的用户才能访问特定的档案资源。此外，访问控制还能够对用户的操作行为进行监控和记录，为档案信息的安全提供了可追溯性。

（3）网络安全协议和标准的应用，为档案信息的网络传输提供了额外的安全保障。例如使用HTTPS、SSL/TLS等安全协议，可以在数据传输过程中提供端到端的加密和完整性保护，防止数据在传输过程中被截获或篡改。

（4）网络服务方式还应包括定期的安全审计和风险评估，以识别和修复潜在的安全漏洞。通过持续的安全检查和更新，可以确保档案管理系统的安全性能够适应不断变化的网络威胁环境。

（5）用户教育和意识提升也是网络服务方式中保障档案信息安全的重要组成部分。通过培训和宣传，提高用户对网络安全的意识，使用户能够采取适当的安全措施，如定期更换密码、警惕钓鱼攻击等，共同维护档案信息的安全。

四、由被动单一向主动多元化转变

服务方式要从被动到主动，从后端到前端，从传统形式到现代科学技术的新形式，从简单提供服务到全方位、多层次提供服务。目前，档案部门普遍建立了档案资源数据库、部门网站，除这些服务形式外，还应开展以下服务。

（一）开展在线服务

在线服务是档案管理领域的一项创新实践，极大地提升了档案服务的可达性和互动性。通过在线服务，档案机构能够为利用者提供即时的咨询服务，有效满足用户在档案查询和利用过程中的各种需求。

第一，在线服务通过网络平台的实时交流工具，如即时通信软件、在线聊天系统等，实现了与用户的即时互动。用户在档案查询或利用过程中遇到的任何问题，都可以通过这些工具获得快速响应和解答。这种即时性不仅提高了用户满意度，也提高了档案服务的效率。

第二，在线服务支持用户在非工作时间也能获得咨询服务。通过设置自动回复系统或智能客服机器人，档案机构能够实现24小时不间断的咨询服务，无论用户何时提出问题，都能得到及时的反馈。这种全天候服务模式，极大地提升了档案服务的便利性。

第三，在线服务还提供了个性化的咨询体验。通过收集和分析用户的查询历史和偏好，档案机构可以为用户提供更加精准和个性化的咨询服务。这种个性化服务不仅提高了用户满意度，也增强了档案服务的针对性和有效性。

第四，在线服务还支持多媒体和交互式咨询方式。用户可以通过上传文件、图片或视频等方式，更直观地表达自己的查询需求。档案工作人员也可以通过屏幕共享、在线标注等功能，更清晰地向用户解释和指导。这种多媒体和交互式的咨询方式，提高了咨询的准确性和效率。

第五，在线服务还为档案机构提供了收集用户反馈和改进服务的渠道。通过在线调查、意见收集等方式，档案机构可以及时了解用户的需求和意见，不断优化和改进服务内容和方式。这种用户参与的服务改进机制，有助于建立档案机构与用户之间的良好互动关系。

（二）开展自助查询，多种查阅方式并重

开展自助查询服务极大地丰富了档案利用者的查阅方式，满足了社会各界对档案信息日益增长的查询需求。自助查询服务的实施，是对传统手工查询方式的有效补充和提升，它通过多种查阅方式的并重，为用户提供了更加灵活、便捷的档案利用途径。

第一，自助查询服务依托于档案数字化的成果，将档案信息转化为电子化形式，使用户能够通过计算机等设备进行快速检索。这种电子化自助查询方式，不仅减轻了档案工作者的工作量，也使得用户能够更加直观、全面地了解所需档案信息。

第二，自助查询服务可以根据不同的载体类型和利用者需求，设立多样化的阅览区。例如磁卡阅览区、缩微档案阅览区、声像档案阅览区等，这些阅览区的设立，为用户提供了针对性的档案查阅服务，满足了不同类型档案的利用需求。

第三，自助查询服务在纸质档案的保护和利用方面发挥了重要作用。通过建立纸质档案阅览区，并采取适当的保护措施，用户可以在不直接接触实体档案的情况下，查阅纸质档案的数字化副本，这既保护了档案原件，又满足了用户的查阅需求。

第四，自助查询服务的实施，有助于提高档案服务的效率和质量。用户可以根据自己的时间安排，自主选择查询时间和方式，无需等待档案工作者的协助，从而节省了时间成本。

第五，自助查询服务的智能化检索系统，能够快速准确地定位用户所需信息，提高了查询的精确度。

第六，自助查询服务的推广，也促进了档案服务模式的创新和发展。档案部门可以根据用户的使用反馈，不断优化和完善自助查询系统，引入人工智能、大数据分析等先进技术，提升自助查询服务的智能化水平，实现更加个性化、精准化的档案服务。

（三）创新档案培训方式

创新档案培训方式对于提升档案工作者的专业技能和满足利用者的知识需求具有重要意义。传统培训方式存在的局限性，如渠道单一、模式固定、内容局限以及时间限制等，已逐渐不能适应当前档案工作的需求。因此，实现网络培训方式的创新，对于拓宽培训渠道、丰富培训内容、提高培训效率具有显著作用。

第一，网络培训方式的创新，体现在服务对象的广泛性。通过网络培训，服务对象不再局限于特定的档案工作者，而是可以扩展到所有档案部门的工作人员及利用者，包括已知需求者和潜在需求者。这种广泛性，使得档案培训能够覆盖更广泛的受众，满足不同人群的学习需求。

第二，网络培训方式在内容安排上具有高度的灵活性和针对性。培训内容可以根据档案部门的全面安排进行，也可以根据使用者的特定需求量身定制。这种灵活性，使得培训内容更加丰富多样，能够满足不同层次、不同领域的学习需求。

第三，网络培训方式的持续性和经常性，为档案工作者和利用者提供了持续学习的机会。通过网络培训，学习者可以根据自己的时间安排，自主选择培训时间及内容，实现自修、选修或系统学习。这种自主性，不仅提高了学习效率，也增强了学习的针对性和有效性。

第四，网络培训方式在资源利用上具有显著优势。与传统培训相比，网络培训可以节省大量的人力、物力资源，缩短学习时间，提高培训效率。通过网络培训，档案工作者和利用者可以在不受时间和地点限制的情况下，快速获取所需知识，实现知识的及时更新和技能的提升。

第三章　档案服务的基础业务解析

第一节　档案的收集与整理

一、档案的收集

（一）档案收集工作

1. 档案收集工作的内容

"档案收集作为档案工作环节的首要环节，档案收集工作的重要性可见一斑。"[①] 档案收集工作是指按照国家有关规定、制度和方法，将分散在各单位或各单位内部机构和个人手中的档案以及散失在国内外的档案，有计划地分别集中到有关档案室和各级各类档案馆，实行集中统一管理。档案收集工作的内容，可以分为两个部分，即档案室的档案收集工作和档案馆的档案收集工作。档案室的收集工作主要是指档案室对本单位需要归档的文件材料的接收。

2. 档案收集工作的要求

档案收集工作的核心追求，无疑在于丰富和优化馆（室）藏，并加强馆（室）外调查与指导，以推行档案入馆（室）的标准化，确保全宗和全宗群的完整性。

在这一过程中，丰富和优化馆（室）藏显得尤为关键。它意味着不仅要确保档案的数量达到充分，以满足不同研究和利用的需求；更要追求档案的质量优化，确保每一份档案都具备其独特的价值和意义。同时，档案收集还须重视成分的充实，即要全面考虑档案的多样性，涵盖不同的种类、载体、来源和内容，以

---

① 周静怡. 试论档案收集工作中的角色定位 [J]. 湖北档案，2012（11）：21.

丰富档案的内涵和外延。最后，合理的结构布局同样不可忽视，要求各类档案门类齐全，将照片、音像、电子档案及实物等各类档案纳入收集范围，以实现档案资源的全面整合和优化配置。

（二）档案室收集工作

1. 档案室档案的收集内容

机关、企事业单位档案室档案的收集内容主要包括：本单位工作活动中形成的各种门类和载体的全部档案，这是档案室收集档案的主要来源；与本单位业务工作有关的资料；代管与本单位有关的撤销或合并机构的档案等三方面。

2. 档案室档案的归档制度

（1）归档制度的必要性。各单位在工作活动中产生的文件材料办理完毕后，不得由承办部门或个人分散保存，必须由文书部门或业务部门系统整理，定期移交给本单位档案室集中管理，这就是归档。在我国，归档是党和国家明文规定的一项制度，并且以法律的形式固定下来，这就是通常所说的归档制度。归档制度是档案室收集工作的重要内容和最基础的工作，建立健全归档制度能够确保档案室档案来源的连续性，为国家积累档案财富提供重要保证。

（2）归档制度的内容。归档制度包括归档范围、归档时间、归档要求和归档手续等内容。

在档案管理领域，归档工作占据了至关重要的地位。它不仅是确保单位工作活动记录得以完整保存的重要手段，也是后续查考利用的基础。围绕着归档的范围、时间、要求和手续等方面，我们有必要进行更为深入的探讨，以期形成更为规范、科学的档案管理机制。

第一，谈及归档范围，它界定了哪些文件材料应当被纳入档案管理系统之中。依据国家档案局的相关规定，凡是能够反映单位工作活动、具备查考利用价值的文件材料，都应当被纳入归档范围。这意味着，无论是纸质文件还是电子文件，无论是政策文件还是业务记录，只要它们承载着单位工作的历史痕迹，就都应得到妥善地保存。而各单位在遵循国家档案局规定的同时，还须结合自身职能和各部门工作实际，对归档范围进行更为细致、具体的划分，确保归档工作的全面性和针对性。

第二，归档时间的确定，关系到文件材料能否及时、有效地被纳入档案管理系统。对于一般性的文件材料，如机关文书或企业经营管理、生产技术管理等工作中形成的文件，通常应在办理完毕后的一定时间内进行归档。这样的规定有助于确保文件材料的及时性和完整性，避免文件的遗失或损坏。同时，对于一些特殊类型的文件材料，如科技文件、会计档案等，应根据其特点和利用需求，制定更为灵活的归档时间。例如科技文件材料可以根据项目进展阶段、子项目完成情况等因素来确定归档时间；会计档案则可以在会计年度终了后暂由会计机构保管一年，再移交档案机构统一保管。这样的规定既保证了文件材料的完整性，又兼顾了实际工作的需要。

第三，在归档要求方面，我们首先要确保归档文件的齐全和完整。这意味着在归档过程中，要对文件材料进行全面的收集、整理和检查，确保每一份文件都不缺失、不遗漏。同时，归档文件还要具备系统性和条理性，即按照不同的特征和保管期限进行整理，形成一个有机联系的整体。这样的整理方式有助于后续查考利用的便捷性和准确性。此外，归档文件还需要进行基本的编目工作，如编定页号、填写目录等，以便后续的管理和利用。

对于科技文件材料的归档制度，我们需要特别关注以下几个方面：首先，各单位应当将科技文件材料的形成、积累、整理和归档纳入科技工作程序和科研、生产、基建等计划中，并明确相关部门和人员的职责。这样可以从源头上确保科技文件材料的完整性和系统性；其次，在对科技成果进行鉴定、验收时，科技档案部门应当参与其中，对应当归档的科技文件材料进行验收。这样的验收机制有助于确保科技文件材料的真实性和准确性；最后，在完成或告一段落科研项目、产品试制、基建工程等任务后，必须将所形成的科技文件材料进行系统整理并及时归档。这样的规定有助于确保科技文件材料的及时性和完整性。

第四，归档手续是归档工作的重要环节之一。在文书部门或业务部门向档案室移交档案时，必须履行相应的手续以确保档案的顺利交接。具体而言，档案交接双方应根据档案移交目录进行清点核对，确认无误后方可履行签字手续。这样的手续可以确保档案的完整性和真实性得到保障。同时，移交目录一般一式两份，交接双方各存一份以便日后查证。

3.归档的组织与检查工作

在档案管理的过程中，档案室的角色和职责至关重要。档案室不仅需要对已经形成的文件进行妥善管理，更需要在文件形成和积累阶段进行督促和指导，以确保文件的完整性和系统性。

（1）档案室应当积极参与到文件的形成和积累过程中。在文书处理工作制度、文件的用纸、书写格式和书写材料等方面，档案室需要向领导和业务部门反映存在的问题，并提出建设性的意见和建议。这样做的目的是自上而下地明确相关规章制度，为文件的形成建立有效的保障机制。档案室的工作人员不应仅仅局限于收集已经形成的文件，更要主动督促和指导文书部门或业务部门关注文件的形成与办理过程中的各种细节。

（2）档案室在归档工作中应承担起指导与协助的职责。归档工作是一项系统性工作，需要档案室与文书部门或业务部门的紧密合作。档案室应帮助选择正确的归档部门，确保归档工作与文件工作的组织形式相适应。同时，为了避免重复归档和防止文件遗漏，档案室还须协助划定科学的归档范围，明确各部门之间的分工。此外，编制归档类目也是档案室的一项重要工作，这需要与文件形成部门、单位档案室、文件承办人员和秘书部门共同协作，按照归档的要求和方法及预计可能产生的文件种类，拟制出详细而具体的归档工作方案。

（3）在归档工作完成后，档案室还需要对档案质量进行全面检查。这包括对预归档文件的数量、种类、内容及保管期限的准确性进行核查，确保编制的目录符合国家相关标准和要求。这一环节对于保证档案质量至关重要。

（4）档案室还须重视平时收集工作，特别是对"账外"文件、专业文件及零散文件的收集。这些文件可能由于各种原因未能及时归档，但它们是单位工作活动的重要记录，对于完善档案资料具有不可忽视的价值。因此，档案室应建立健全的归档制度，确保这些文件能够被及时、完整地收集并归档。

（三）档案馆收集工作

1.档案馆档案的收集内容

档案馆，作为保管和传承人类文明记忆的重要机构，其档案的来源多元且广泛。在档案的收集过程中，各级档案馆须明确自身的职责范围，确保档案的系统性、完整性和可利用性。以下围绕档案馆档案的收集工作，对各类档案馆的档案收集内容进行探讨。

（1）各级综合档案馆的档案收集工作。综合档案馆作为档案工作的主体，承担着广泛而深刻的职责。依法接收本级中国共产党委员会、人民政府等机关单位的档案，是其首要任务。同时，对于下属单位和临时机构的档案，综合档案馆也应根据具体情况进行全部或部分接收。乡镇机构形成的档案，作为基层治理的重要记录，亦应列入县级综合档案馆的接收范围。此外，中华人民共和国成立前本行政区内各个历史时期政权机构、社会组织、著名人物的档案，以及本行政区内重大活动、重要事件形成的档案，同样应被综合档案馆所珍视。

在收集档案的过程中，综合档案馆还应积极拓宽渠道，通过协商、捐赠、购买等形式，收集本行政区内社会组织、集体和民营企事业单位、基层群众自治组织、家庭和个人形成的对国家和社会有利用价值的档案。这不仅丰富了档案馆的馆藏资源，也为社会各界提供了更为便捷的档案利用服务。

（2）各级部门档案馆的档案收集工作。部门档案馆，作为专门收集某一部门及其直属单位形成的档案的机构，其收集范围相对明确。然而，在收集过程中，部门档案馆也须注意，对于履行行政管理职能的档案，应按规定定期向综合档案馆移交，以确保档案的系统性和完整性。

（3）各级专门档案馆的档案收集工作。专门档案馆，作为收集本行政区内某一专门领域或特定载体形态的专门档案或档案副本的机构，其收集工作更具专业性和针对性。在收集过程中，专门档案馆应注重档案的专业性和特殊性，确保档案的完整性和可利用性。

（4）国有企业、事业单位设立的档案馆的档案收集工作。国有企业、事业单位设立的档案馆，主要收集本单位及其所属机构形成的档案。在收集过程中，这些档案馆应确保档案的完整性和系统性，为企业的持续发展和事业单位的稳定运作提供有力保障。同时，当国有企业发生破产、转制，事业单位发生撤销等情况时，其档案应按规定由本级综合档案馆接收，以确保档案的安全和有效利用。

（5）适应信息化建设的需要。在信息化时代，各档案馆还须适应信息化建设的需要，积极收集电子档案和纸质档案的数字化副本。有条件的档案馆应建立电子文件备份中心，开展电子文件备份工作，以确保档案的安全和长期保存。同时，在收集档案时，各档案馆还应同时收集有助于了解档案内容、立档单位历史的资料，以及有助于管理和利用档案所必需的专用设备，为档案的保管和利用提供有力支持。

2.档案馆档案的接收要求和期限

（1）在档案管理领域，接收工作的严谨性直接关系到档案的完整性与后续利用的有效性。因此，档案馆在接收档案时，必须遵循一系列明确而严格的要求，以确保档案工作的顺利进行。

首先，档案收集的完整性是接收工作的首要要求。档案馆在接收档案时，必须确保进馆档案按全宗整理，保持全宗的完整性。这意味着无论是文书档案、科技档案、音像档案还是实物等各种门类和载体的档案，都应作为一个整体，统一移交给一个档案馆。这样的做法不仅有利于档案的统一管理，也为后续的档案利用提供了极大的便利。

其次，限制利用意见的明确性也是接收工作的重要一环。对于自形成日期满30年仍能对外开放的档案，各有关单位在移交时应提出明确的控制利用意见。这一要求旨在确保档案在开放利用的同时，能够得到合理的保护和管理。同时，政府信息公开部门也应对移交档案中涉及政府信息的部分，书面告知其原有公开属性，以确保档案信息的透明度和公信力。

此外，档案整理编目的规范性和档案检索工具的齐全性也是接收工作的重要保障。档案由有关单位收集齐全后，必须按规定进行系统整理，以确保档案的条理性和系统性。同时，接收立档单位档案的同时，也应将其编制的组织沿革、全宗介绍、案卷目录等有关检索工具及与全宗相关的各种资料一并接收。这些检索工具和相关资料能够为后续的档案利用提供极大的便利，提高档案工作的效率。

（2）在接收期限方面，各机关、团体、企事业单位和其他组织必须按规定定期向有关国家档案馆移交档案。这不仅能够保证国家档案馆馆藏档案有稳定而可靠的来源，还能够确保国家档案得到安全保管和有效利用。各法人和其他组织必须按照规定的期限向有关档案馆移交档案，包括市综合档案馆、区、县综合档案馆、专门档案馆及部门档案馆或企事业组织档案馆等。

在接收工作中，立档单位必须无条件地将应当进馆的档案定期向有关的国家档案馆移交。对于专业性较强或者需要保密的档案，立档单位可以经同级档案行政管理部门检查和同意后延长移交期限。但对于已撤销单位的档案或者由于保管条件恶劣可能导致不安全或严重损毁的档案，应提前向有关档案馆移交。此外，列入综合档案馆收集范围、依法可以随时向社会开放的档案，也可以提前向综合档案馆移交。

3.档案馆档案的收集方法

一般而言，档案馆对档案的收集方式主要有两种：逐年接收和定期接收。逐年接收即每年接收一次档案，定期接收就是每隔一定时期（3年、5年）接收一次。

但是，档案馆对科技档案的收集方法有所不同，实行相关单位主送制和科技档案的补送制。

（1）相关单位主送制。对普通文书档案而言，应按要求将其中具有永久和长期保存价值的所有档案都移交进馆。科技档案则不采取这种普遍接收进馆的制度，而是实行相关单位主送制，即对不同种类及不同项目的科技档案，按照国家有关规定，分别确定报送单位，主送单位报送档案中的不足部分由其他有关单位补充移交。

（2）科技档案补送制。建立补送制的目的，是为了及时反映进馆档案所涉及的科技、生产项目的发展、变化情况，保持馆藏科技档案的完整性和准确性。例如进馆档案所反映的基建项目进行重大改建、扩建，产品改型、换代等，在这些情况下，原移交单位要向档案馆补送相关的科技档案。

（3）协作项目科技档案的收集。任何一个科技协作项目，都有主持单位和参加单位，参加单位可能很多，但主持单位一般只有一个。因此，要以主持单位为收集主渠道，负责协作项目科技档案的归档和移交工作。具体做法是：各参加单位负责将各自承担任务中形成的科技文件材料收集齐全，经鉴别整理，按一定手续移交给主持单位；由主持单位将该项目中形成的全部科技文件材料进行系统整理，统一向科技专业档案馆移交。当本单位只是该协作项目的参加单位时，应将有关参与部分的科技文件材料按要求整理归档，如需要收集该档案，可向主持单位提出要求，以复制件形式进行收集。

4.机构变动后档案的接收

近年来，随着政治、经济、文化等组织机构和体制的改革，以及行政区划变动等原因，不少机构发生变动。机关、国有企事业单位一旦撤销或发生变动，各档案部门应按照相关规定对档案做好妥善处理。

（1）撤销机关档案的接收。机关撤销或合并必须将本机关的全部档案进行认真整理，妥善保管，严禁分散、丢弃档案，并按以下基本准则进行处理。

第一，撤销机关的档案，应当由撤销机关负责整理和鉴定，并按规定将全部档案移交给有关档案馆或由主管机关代管。

第二，一个机关撤销后，如果业务分别划归几个机关的，其档案材料不得分散，应当作为一个整体由其中一个机关代管或向有关的档案馆移交，以保持全宗的完整性。

第三，一个机关并入另一个机关或几个机关合并为一个新的机关，其档案材料应作为一个独立的全宗由合并后的新机关代为保管，或直接向有关的档案馆移交。

第四，一个机关内一部分业务或者一个部门划归另一个机关，其档案材料不得从原全宗中抽走并带入接收机关，如果接收机关需要利用，可通过借阅或复制等方式协商解决。

第五，机关撤销或合并时，如果留有尚未处理完毕的文件材料，可以移交给新的机关继续办理，并作为新的机关的档案加以整理和保存。

第六，一个机关改变了领导关系，在其工作活动中形成的全部档案仍属原来的全宗，实行集中统一管理。

第七，各种临时工作机构撤销时，其档案应向有关的主管机关或档案馆移交。

（2）国有企业资产与产权变动档案处置与接收。国有企业档案是国有企业全部活动的真实记录和宝贵财富，是企业资产的依据和凭证，属国家所有。国有企业在资产与产权变动中，要做好档案处置工作，确保其完整与安全。

第一，在国有企业资产与产权变动档案的处置中，应秉持分类处理的原则。基建档案与设备仪器档案须随其实体一并转移归属；产品、科研档案等涉及知识产权的，应依据相关政策法规妥善处理，无明确规定时双方应协商决定；会计档案则必须遵循财政部、国家档案局颁布的《会计档案管理办法》进行规范操作；至于生产技术管理、经营管理档案，双方可协商选择移交接收方，或随党群、行政管理档案一同移交至企业主管部门或寄存于所在地国家档案馆。若有法律、行政法规的特殊规定，则应严格依法依规执行。

第二，国有企业之间兼并的，被兼并企业的档案归属于兼并企业或新设置的企业，由兼并方统一管理，单独保存。国有企业与国有企业合并，其档案处置按国有企业之间兼并的档案处理办法办理。

第三，国有企业被集体、私营和中外合资、合作等非国有企业兼并的，其党群工作、行政管理、生产技术管理、经营管理类档案按隶属关系移交企业主管部门或寄存所在地国家档案馆，也可由企业主管部门或所在地档案行政管理部门指定有关的企业代为保管。

第四，军工企业被非军工企业兼并，属国家机密的档案，由其行业主管部门决定其归属。

第五，国有企业依法实行破产中暂无去处的档案，应移交企业主管部门或所在地国家档案馆。

第六，国有企业整体出售给国有企业的，其全部档案归属于买方。国有企业整体出售给集体、私营和中外合资、合作等非国有企业的，其档案处置按第一条规定办理。

第七，国有企业实行承包、租赁的，其档案处置列入双方合同契约。承包、租赁前该企业的全部档案由发包、出租方安全保管，承包、承租方可以按有关规定查阅利用；承包、租赁期间形成的档案，由承包、承租方按国家有关规定负责收集、整理、保管，承包、租赁期满，向发包、出租方移交，并拥有使用权。

第八，国有企业以其全部资产改组为股份制企业的，改组后的档案另立全宗，由股份制企业管理。国有企业以部分资产改组为股份制企业的，进入股份制企业的部分，其改组前后的档案分立全宗，由股份制企业管理；未进入股份制企业的部分，其档案由原企业自行管理。

第九，国有企业实行股份合作制的，其档案原则上由改制后新设立的企业管理，也可向企业主管部门或所在地国家档案馆移交。

第十，国有企业与外商合资、合作，在由中方控股、中方管理的情况下，其合资、合作前的档案确实属于国家所有，并且可以作为独立全宗进行保管，存放于新的合资或合作企业中，以供其日常运营和管理所需。对于国有企业的分厂、车间与外商合资、合作的情况，合资、合作前的档案应当归属于原国有企业。而合资、合作后的档案，应另立全宗进行管理。在合资、合作期满，合同终止后，其档案应由中方保存。若外方有需求，中方可以提供档案的复制件。

5.社会散存档案的收集方式

社会散存档案是指那些由国家机构、社会组织和个人在历史上形成，具有国家和社会保存价值，但尚未被法定档案保管机构正式收藏的档案。

社会散存档案的收集方式主要涵盖接收和征集两种。具体而言，这些方式包括正常接收、个人捐赠、委托档案馆保管、有偿征集或征购，以及相互交换等。对于保存在有关单位的档案，应按照现行单位和撤销单位的档案交接方法，由相关单位负责向档案馆进行移交。个人保存的档案，则主要依赖个人捐赠的方式，即个人主动将其保存的档案捐赠给相关的国家档案馆进行保存。

在依赖个人捐赠的基础上，档案馆也可以适当采取有偿征集的方式。对于个人保存的档案，经过鉴别确实具有价值的，可以向个人支付适当的报酬。此外，依据《中华人民共和国档案法》，档案馆在必要时还可以采取征购的方法，对于分散在个人手中且可能遭受严重损毁或存在安全隐患的档案，通过征购使其集中到档案馆进行妥善保管，以确保档案的安全。

二、档案的整理

（一）档案整理工作

1.档案整理工作的内容和程序

（1）档案整理工作的内容。档案整理工作，是指按照一定的原则对档案实体进行分类、组合、排列与编目，使之系统化的过程。

档案整理工作从性质上可分为系统化和编目两个部分，具体包括区分全宗、全宗内档案分类、类内文件组合、案卷排列与编目。

（2）档案整理工作的程序。

第一，系统排列和编目。在正常情况下，档案室接收的是文书部门和业务部门按照归档要求组合好的文件材料，而档案馆接收的是各个单位档案室按照进馆规范系统整理的档案。因此，对于档案室和档案馆来讲，档案整理工作只是在更大范围内对接收进来的档案做进一步调整。

第二，局部调整。档案馆（室）在日常管理工作中，要定期对所藏档案进行检查，发现明显不符合要求、确实影响保管和利用的档案，档案馆（室）有责任对不合理的整理状况进行局部的调整。

第三，全过程整理。档案馆（室）在收集档案过程中，由于种种原因，其中有些档案没有经过系统的整理，处于零乱状态，这就必须进行从全宗划分、组合、排列和编目的全过程整理工作。

2. 档案整理工作的基本原则

档案整理工作应遵循的原则：保持文件之间的历史联系，充分利用原有基础，以及便于档案的保管和利用。

文件之间的历史联系，指的是文件在产生和处理过程中所形成的一种内在联系，这种联系主要体现在文件的来源、时间、内容和形式等方面。

在充分利用原有基础方面，对于已经整理的档案，只要其整理结果有规可循、有目可查，就应当力求保持原先的整理结果和体系，避免轻易否定或随意重整。这通常包含三种情形：一是当原有整理结果基本可用时，应维持其整理状况不变，同时编制必要的检索工具以弥补可能存在的缺陷；二是若某些整理结果明显不合理，应仔细研究，尽量在原有整理体系内进行局部调整；三是当原有基础存在严重问题，严重影响档案的保管和利用时，可考虑重新整理，但在此过程中也应尽可能吸收或保留其中的可取之处，如原有的时间等标记。

便于保管和利用，是档案整理工作的基本出发点和根本目的。在整个档案整理过程中，必须始终将是否便于保管和利用作为重要的考量因素。

（二）全宗

1. 全宗和立档单位

（1）全宗的概念。全宗是一个国家机构、社会组织或个人在社会活动中形成的具有有机联系的档案整体。一个全宗，反映了一个单位或个人活动的全过程。同时，全宗也是档案馆（室）对档案进行科学管理的基本单位。

（2）立档单位及其构成条件。立档单位，就是全宗构成者。社会上每一个独立的单位或个人，在行使其职能活动的过程中势必会形成一定的档案，这个单位或个人的所有档案之间具有一定的联系，这样一个档案整体为全宗，而形成这些档案整体的单位或个人，就称为"全宗构成者"，又称"立档单位"。

全宗按其形成的单位和内容性质，可以分为组织全宗和人物全宗，相应形成全宗的立档单位也有两类，即机关、团体、企事业单位和个人。

第一，组织全宗。由于各单位的实际情况相对比较复杂，判定哪些单位是立档单位，哪些单位的档案能够构成一个独立全宗，其主要标志是看这几个条件：可以独立地行使职权，并能主要以自己的名义对外单独行文；有专门的管理人事的机构或人员，并有一定的人事任免权；有独立的预决算，有单独管理财务的机构或会计人员。这三个条件是相互联系、相互制约的。在实际应用时，应以判定能否独立行使职权为中心，全面地分析研究有关单位职权的法规性、领导性文件和实际活动，合理判定立档单位。

第二，人物全宗。人物全宗，亦称"个人全宗"，通常指的是对社会有重大贡献或产生深远影响的个人在其一生中所形成的档案整体。同样，历史上一些知名的家庭、家族所形成的档案，亦属于人物全宗的范畴，这些个人、家庭、家族也被视为立档单位。

个人全宗内的文件材料主要包括：该个人自行撰写的相关文件，如著作的原稿、手稿、书信、日记、笔记、遗书、遗嘱等；与该个人相关的、由他人撰写或收集的文件材料，如回忆录的手稿与印本，该个人的录音带、录像带、照片、签字材料等；该个人的亲属，特别是直系亲属所形成的，能够反映立档单位历史背景的文件材料。

在处理这些档案时，我们应当注意到，虽然这些人物可能在某个单位担任过一定的职务，但在具体区分个人档案与公务档案的归属时，必须谨慎处理，明确各自的范畴，以避免两者之间的混淆。个人在从事公务活动过程中所形成的文件材料，通常不应被纳入人物全宗，而应作为相关组织全宗的一部分进行归档。

（3）全宗的补充形式。全宗主要分为常规全宗和特殊形式的全宗两种类型。常规全宗即一般情况下的独立全宗。在难以区分或不便区分独立全宗的情况下，则采取全宗的特殊形式，即补充形式。全宗的特殊形式主要分为联合全宗、全宗汇集和档案汇集等三种。其中，独立全宗只有一个立档单位，是大量存在的，而全宗的补充形式一般都有两个以上立档单位。

第一，联合全宗。在某些特殊情况下，若干互有联系的独立单位形成的档案，因难以区分而作为一个全宗统一管理，这就是联合全宗。它通常在以下两种情况下出现：①前后有密切继承关系的机关，由于工作联系紧密，各自形成的文件已经混杂在一起，成为档案"连体"，难以分开；②合署办公或职能联系紧密的单位，彼此的文件混杂在一起，无法区分。在这两种情况下，可以把这两个或两个以上立档单位形成的档案组合为一个全宗进行管理。联合全宗虽然是由两个以上立档单位形成的，但它们的档案则被看作同一个全宗内的档案，编一个全宗号，按一个全宗整理和保管，全宗名称应列出联合的立档单位名称。

第二，全宗汇集。全宗汇集又称汇集全宗，是指若干个性质相近、档案数量极少的独立全宗，因管理不便而按一定特征组合起来的管理形式，具体有两种形式：一种是档案馆接收的若干基层单位的全宗，由于形成档案数量不多，而组合在一起的集合体；另一种是由于一些全宗内的档案残缺不全且数量少，从而构成的小全宗集合体，如历史档案。在具体采用这种形式时必须注意，由于全宗汇集是一种人为的行为，所以，立档单位的工作性质必须是相近的或具有某种历史联系；汇集全宗在管理中虽然作为一个全宗对待，只给一个全宗号，但内部的档案分类及排列，必须按不同的立档单位相互区别开，不能混淆，便于以后发现其中某一全宗的大量档案时，可以从全宗汇集中分离出来，建立单独全宗。全宗名称可以用一个概括性的名称。

第三，档案汇集，是由若干所属全宗不明的，或所属全宗不复存在的零散的档案汇集而成的一种全宗补充形式。档案汇集的形成原因是档案不知所属全宗，但只要考证出档案所属全宗，就随时可以将该份档案文件回归所属全宗。

全宗的补充形式具有较大的人为性，在实际工作中不能随意乱用，只有在不能使用独立全宗的管理模式时才使用。但是，一经采用，就必须在管理上与其他全宗同等看待，即编一个全宗号，统一排列、统一管理。

2. 立档单位变化对全宗划分产生的影响

在档案管理工作中，立档单位的变化无疑对全宗的划分产生了深远的影响。全宗作为档案管理的基本单位，其划分直接关系到档案的分类、存储和利用。因此，当立档单位发生变化时，必须以严谨的态度和科学的方法来处理全宗的划分问题。

（1）政权更迭对全宗处理的影响不容忽视。不同政权中的政权机关，尽管社会职能可能相同或相近，但由于所属政权性质的不同，其档案必须构成不同的全宗。这一原则体现了档案管理的政治性原则，确保档案能够准确反映不同政权的历史面貌。同时，对于新中国成立前后存在的政治性质不明显的立档单位，其档案一般构成一个全宗，但可根据需要分为两个不同部分进行管理，以体现档案管理的历史连续性。

党派、政党和社团在各个历史时期，其宗旨和组织成分没有发生根本性变化，因此，其档案应构成一个全宗。这种处理方式有利于保持档案的系统性和完整性，方便后续的研究和利用。而政治色彩较强的立档单位，如警官学校、军事院校、干部学校等，其档案一般应分别构成不同的全宗，以体现其特殊的政治属性和职能特点。

对于个人全宗的处理，无论是否跨政权存在，政治立场、信仰、职业是否有重大变化，其档案均应构成一个全宗。这一原则体现了对个人历史的尊重和保护，确保个人档案能够全面、真实地反映个人的成长历程和历史背景。

（2）立档单位基本职能变化对全宗处理产生影响。基本职能的根本性变化，如撤销单位基础上新成立的立档单位、几个立档单位合并或兼并、立档单位分立、内部机构独立或并入等情况，均需要按照新的独立全宗进行处理。这是因为这些变化导致了立档单位职责和任务的根本性转变，新形成的档案自然应该成为一个新的全宗。

然而，立档单位名称变更、地址变迁、职权范围的扩大或缩小、隶属关系的改变、内部机构的调整等变化，以及由于某种原因暂时停止工作一段时间等，均属于非根本性变化。这些变化对全宗划分不产生影响，一般不构成新的全宗。这是因为这些变化并未改变立档单位的本质属性和职能特点，因此，其档案仍然属于原全宗的范围。

最后，临时性机构的全宗处理。按照国家有关规定，临时性机构一般不建立单独全宗，其档案应纳入主管单位档案全宗统一管理。这一处理方式体现了档案管理的实用性和高效性，避免了因临时性机构而产生的档案分散和混乱问题。但如果该临时性机构存在时间较长、产生档案数量较多、档案内容比较重要，也可根据实际情况构成独立全宗。这是为了更好地保护和利用这些具有重要历史价值的档案。

3. 立档单位和全宗历史考证

在档案管理工作中，立档单位与全宗历史考证是至关重要的一环，它不仅详细记录了立档单位的演变历程，还全面反映了全宗档案的现状与历史状况。这一过程既是对过去历史的回顾，也是对未来工作的指导。

（1）立档单位沿革的考证，如同一部生动的历史长卷，将立档单位的成立、变迁、性质、职能、活动情况、领导人和组织机构等信息一一呈现。它详细记录了立档单位从成立之初的艰辛，到逐步发展的轨迹，再到可能面临的撤销或兼并，每一步都凝聚着历史的印记。这样的考证，不仅有助于我们了解立档单位的来龙去脉，还能为档案分类、检索和利用提供有力的支撑。

（2）全宗状况的考证，则是对全宗档案的全面审视。从档案的来源、内容、载体，到档案的数量、年代、利用价值，再到档案的整理、鉴定、利用情况，每一个细节都被仔细记录。这种考证不仅让我们对全宗档案有了全面的了解，还能为今后的档案管理和利用提供宝贵的参考。特别是全宗历史状况的考证，可以看到档案进馆前的保管单位和保管条件，以及档案是否经过整理、鉴定，是否曾受损或被销毁等情况，这些都是档案管理中不可或缺的重要信息。

立档单位与全宗历史考证的撰写，需要档案室的专业人员具备扎实的专业知识和丰富的实践经验。在撰写过程中，他们不仅要认真梳理立档单位的历史变迁和全宗档案的现状，还要根据实际情况不断修改补充，确保考证的准确性和完整性。最终，这些考证材料将被存入"全宗卷"内，并在档案移交档案馆时一同移交，为后续的档案管理工作提供有力的支持。

立档单位与全宗历史考证是档案管理工作中不可或缺的一环。它不仅记录了立档单位的历史变迁和全宗档案的现状与历史状况，还为今后的档案管理和利用提供了宝贵的参考。因此，我们应该高度重视这一工作，确保考证的准确性和完整性，为档案事业的发展贡献自己的力量。

第二节　档案的鉴定与保管

一、档案的鉴定

（一）档案鉴定工作

1. 档案鉴定的内容

"档案鉴定工作是十分关键的工作环节，其不仅对档案的价值评估及存毁起到决定性作用，也对整体档案管理工作质量及效率具有重要的影响。"[①]档案鉴定工作包括档案的价值鉴定和档案的真伪鉴定两方面的内容。目前，档案界所称的档案鉴定主要是指档案的价值鉴定。档案价值鉴定工作就是各个档案机构按照一定的原则、标准和方法来鉴别和判定档案的价值，确定档案的保管期限，并据此销毁失去保存价值的档案的工作。

档案价值鉴定工作的内容主要包括：制定鉴定档案价值的有关标准；具体判定归档文件的价值，确定其保管期限；审查保管期届满的档案，对确无保存价值的档案予以销毁；定期开展档案开放鉴定。

2. 档案鉴定的原则及标准

在档案鉴定工作中，我们必须坚守国家和人民的整体利益为出发点的原则，以全面、历史、发展的视角来审慎地评估档案的价值。档案鉴定是一项复杂而精细的任务，它要求我们以严谨的态度，运用专业的知识，对档案进行深入的剖析和全面的考量。

为确保档案鉴定工作的客观性、公正性和科学性，建立一套明确的档案价值鉴定标准至关重要。这些标准涵盖了档案的来源、内容、相对价值和形式特征等多个方面。来源标准强调档案形成者的社会地位、职能作用对档案价值的影响，凸显了档案与社会背景的紧密联系。内容标准则是判断档案价值的核心依据，它要求我们从档案内容的重要性、独特性和时效性等方面进行综合评估。

相对价值标准则进一步细化了档案价值的判定，通过考查档案的完整程度、

① 陈瑞萍. 关于档案馆档案鉴定工作的几点思考 [J]. 黑龙江档案，2023（02）：314.

内容的可替代性及各全宗之间档案的重复程度，为档案价值的评估提供了更为具体的指导。此外，档案的形式特征也是不可忽视的因素，文件的名称、文本、可靠程度及外形特点等，都在一定程度上影响着档案的保存价值。

因此，在档案鉴定过程中，我们必须从档案的内容入手，结合其来源、时间、形式等多个因素进行综合分析，以全面、准确地判定档案的价值。只有这样，我们才能确保档案鉴定工作的科学性、准确性和有效性，为档案管理和利用提供有力的支撑。

（二）档案鉴定的组织与实施

1. 档案鉴定的方法

鉴定档案价值的基本方法是直接、具体地审查档案，通常把这种方法称为直接鉴定法。直接鉴定法要求档案鉴定人员逐件逐页审查档案材料，从它的内容、作者、名称、可靠程度等方面，全面考查分析确定其价值。

直接鉴定一般以案卷为基本单位进行，比如一个案卷内存有不同保存价值的文件，而文件之间又有密不可分的联系，则以其中最重要的文件价值来确定保管期限，一般以不拆卷或个别拆卷的办法来处理。

2. 档案鉴定的工作程序

在档案管理领域，归档鉴定和档案鉴定工作是确保档案完整性和有效性的关键步骤。这些工作旨在通过系统的流程，确保档案材料得到恰当地分类、保存和处置。

归档鉴定作为档案工作的首要环节，通常由文书部门或业务部门在档案室的指导下进行。此过程的核心在于编制《文件材料归档范围和保管期限表》，明确哪些文件材料应当归档，并设定相应的保管期限。这一步骤的关键在于剔除无保存价值的文件，避免资源浪费，同时确保有价值的文件得到妥善保存。

档案室的鉴定工作则是对归档材料的进一步审查和监控。它涉及对归档材料初始鉴定结果的复核，确保所定保管期限的准确性，并在必要时做出局部调整。此外，档案室还须对保管期限届满的档案进行复查鉴定，重新评估其保存价值，并根据评估结果决定是否需要继续保存或进行销毁。这一步骤旨在确保档案资源的有效利用，同时保护重要历史信息的完整性。

档案馆作为档案保存和管理的专业机构，其鉴定工作更为全面和深入。档案馆的鉴定工作主要包括对进馆档案的保存价值、整理质量和保护状况的全面检查，以确保档案的质量符合标准。此外，档案馆还须对封闭期已满的档案进行开放和划控鉴定，决定哪些档案可以对外提供利用，哪些需要继续保密。同时，档案馆还须对馆藏档案开展定级鉴定，根据档案的重要性和珍贵程度进行分类管理。最后，档案馆还须对保存期满的档案进行复查鉴定，以确定其存毁，确保档案资源的合理利用和有效保护。

3. 档案的销毁

档案销毁是将已失去保存价值的档案材料以特定的处理方式改变正常的物理载体形式，从而使其所携带的信息无法被还原的过程。

（1）档案销毁清册。凡须销毁的档案，必须编制销毁清册。销毁清册是准备剔除销毁的档案的登记簿，也是日后查考档案销毁情况的凭据。

档案销毁清册封面上的项目有全宗号、全宗名称、立档单位名称、编制档案销毁清册单位名称和编制时间等。

销毁档案登记栏是档案销毁清册的主要部分，其主要项目有序号、案卷或文件题名、起止日期、号码（案卷目录号、案卷号或文件字号）、数量、销毁原因、备考等。具体项目可以根据具体情况进行增减。一般是以案卷为单位登记，必要时，也可以按文件登记。

档案销毁清册应以全宗为单位编制，每一清册至少应一式两份，一份留档案馆（室），一份送有关领导审查批准，如果要报档案行政管理部门备案，则需一式三份。

（2）档案销毁审批制度。鉴定需要销毁的档案，应当编制销毁清册，办理批准手续。各单位需要销毁的档案，须经单位审核批准后施行；档案馆需要销毁的档案，须经鉴定委员会审核，报主管领导部门批准后施行；销毁1949年以前形成的档案，须经单位领导人或鉴定委员会审核，并同时报国家档案局批准。经办理审批手续后，须对需要销毁的档案检查准确无误方可实施。

（3）档案销毁方式。档案销毁是档案管理中的一个重要环节，尤其是对于大批量纸质档案，送往指定的造纸厂转化为纸浆是一种常见的处理方式。对于数量较少但具有机密性的档案，应首先使用碎纸机进行粉碎处理。至于以磁带、磁盘、光盘等形式存储的档案，可以采取物理删除、格式化或焚烧等方法进行销毁。

在销毁档案的过程中，必须严格遵守至少两人监督销毁的原则，以确保过程的透明性和安全性。销毁完成后，监督销毁的人员应在销毁记录上签字，并注明"已销毁"，以及具体的销毁方式和日期。

对于那些已经销毁的科技档案，应在档案目录上进行注销处理，并对档案的排列顺序进行必要的调整，以保持档案系统的完整性和准确性。

二、档案的保管工作

（一）档案保管工作的含义和内容

档案保管工作，是指根据档案的成分和状况，对存入库房的档案进行的日常管理和安全防护工作。档案保管工作的内容主要包括以下三个方面：

1. 档案库房管理工作

档案库房管理，即库房内对档案进行科学管理的日常工作，包括配置适宜安全保存档案的专门库房；档案库房与装具编号；档案排架存放；库房内温湿度控制与调节；防盗、防火、防尘、防有害气体等必要措施。

2. 档案流动过程中的保护工作

档案流动过程中的保护，即档案在各个管理环节中的安全防护，指从档案接收搬运开始，在整理、鉴定、利用和编研等工作过程中的保护。

3. 保护档案的专门措施

保护档案的专门措施，即为延长档案寿命而采取的各种专门技术措施，主要包括复制、修裱、消毒、灭菌等措施，目的是延长档案寿命，便于档案长期保存和利用。

（二）档案保管的物质条件

1. 档案库房

档案库房是档案保护的首要条件，是保存档案的最基本物质条件，各级各类档案馆（室）必须有适宜的保管档案的库房。作为中小型档案室，其用房一般由档案库房、档案阅览用房和档案人员办公用房组成。

2. 档案保管设备

档案保管设备主要是指在档案保管和保护中使用的机械、器具、仪器、仪表等技术设备。用于档案保管的技术设备种类很多，主要有去湿机、加湿器、空调、通风设备、温湿度控制仪、防火及防盗装置、灭火器、电视监控设备等。

3. 档案装具

档案装具主要有档案架、档案柜、档案箱等三种。目前的档案装具中，活动式密集架在有效利用库房空间、坚固、密闭等方面具有较好的性能，其库容量比常规装具可提高80%以上。因此，密集架不失为现有最经济实用的档案存放设施，使用密集架是在荷载允许的条件下提高库容量、解决库房不足的有效途径。

4. 档案包装材料

目前，我国包装纸质档案的基本材料主要为卷皮、卷盒和包装纸三种，要求符合国家的有关规定，以利于档案安全保管。

根据国家档案局推广应用无酸卷皮（盒）的通知要求，2001年起上海地区的归档卷均统一使用无酸卷皮（盒），这是档案保管工作标准化的一个措施。

（三）档案的存放和排列

1. 档案的存放方法

在将档案放入档案架柜时，档案的存放方式一般有竖放和平放两种。大多数的档案馆（室）采用竖放方式，平放比较适宜于保管珍贵档案及卷皮质软、幅面过大、不宜竖放的档案。

另外，科技档案尤其是底图和蓝图类档案的存放方式选择更加要注意。底图应在特殊的底图柜中存放，其存放方式有两种：平放和卷放。平放方法能保证底图的平整，取放方便，但占用空间大；卷放方法能够节约空间，但取放不方便，容易造成底图的磨损。这种方法适用于特大特长幅面底图的存放。底图禁止折叠存放，以免出现折痕，影响图面的清晰度和准确度，并缩短其保管寿命。为保护底图不被撕破，可用胶纸通过压力机将底图四边包上。

蓝图纸张的机械性能比底图好，可以折叠。蓝图的折叠有一定的要求：一般以四号图纸幅面大小进行折叠，左面要留出装订线；折叠的图纸要向图纸正面以手风琴式方法折叠，不宜反折或卷筒式折叠；图纸的标题栏应露在右下角外面，以便查阅。折叠后的蓝图，若是不常查阅的，可以装订成册。不管是否装订，蓝图上所有的金属针都应去掉，以防生锈。折叠后的蓝图，存放在盒子里比较合适。蓝图柜可用一般的公文柜，在库房条件好的情况下，也可以用档案架。

2. 档案存放次序

档案存放次序是指档案在库房及装具中的存放顺序，旨在防止存放次序的混乱，确保档案的有序管理和有效利用。通常，管理档案存放次序主要有两种方法。

（1）档案存放位置索引。档案存放位置索引是通过表册或卡片的形式，详细记录和反映档案在库房及装具中的存放次序情况。这种索引的主要作用在于帮助档案人员迅速定位和调阅档案，同时也有助于新手快速掌握档案存放情况。档案存放位置索引的编制方法主要有两种：

第一，以全宗为单位编制。这种方法主要是根据全宗（具有共同来源、内容和形式的档案组合体）来编制索引。首先，将各个全宗的档案进行归类，并标明它们在库房中的具体位置（如库房编号、架位编号、层位编号等）。索引可以采用表格形式，清晰列出全宗名称、全宗号、档案存放的具体库房和装具位置等信息。这种方法适用于档案馆和存有多个全宗的档案室，有助于快速定位到特定全宗的档案存放位置。

第二，以库房为单位编制。与以全宗为单位编制的方法不同，这种方法是以整个库房为单位来编制索引。它将库房内的所有档案按照某种顺序（如档案形成时间、档案类型等）进行排列，并编制相应的索引。索引可以详细记录每份档案在库房中的具体位置，如架位号、层位号、档案编号等。这种方法适用于库房内档案种类较多、数量较大的情况，能够直观地反映出库房内档案的存放情况。

（2）档案代理卡。档案代理卡又称"代卷卡"，是档案保管人员为标明案卷去向而专门编制的卡片。档案代理卡不仅能够防止档案放错位置，还能作为档案人员统计和分析档案利用情况的重要数据依据。通过档案代理卡，档案人员可以更加精确地掌握档案的存放和利用情况，从而提高档案管理的效率和质量。

第三节　档案的检索与利用

一、档案的检索

档案检索，作为档案管理中的核心环节，其本质在于对档案信息进行有条不紊地存储，并依据用户的具体需求进行精确查找。这一过程涵盖了两个相辅相成的阶段：档案信息存储和查检。存储阶段不仅涉及档案的著录标引，还包含编制检索工具，确保档案信息的系统性和可检索性。

在档案检索的实践中，不同的检索手段展现出各自的优势。传统的手工检索方式依赖人工操作，虽然过程稍显烦琐，但它在特定情境下仍具有不可替代的作用。而随着信息技术的飞速发展，计算机检索以其高效、准确的特点，逐渐成为档案检索的主流方式。计算机检索系统能够快速响应用户请求，通过关键词、分类等多种方式定位档案信息，极大地提高了检索效率。

档案检索语言作为信息检索的媒介，同样至关重要。分类语言和主题语言是两大主要类别。分类语言通过预设的分类体系对档案进行归类，方便用户按照类别进行查找。而主题语言则侧重于揭示档案的主题内容，通过主题词表等工具，帮助用户直接定位到与其需求紧密相关的档案信息。在我国，档案部门广泛采用并统一使用的档案检索词典有《中国档案分类法》和《中国档案主题词表》，它们为档案检索提供了标准化的语言工具，保障了检索的准确性和一致性。

档案检索不仅是一项技术工作，更是一门艺术。它要求档案工作者具备深厚的专业知识、敏锐的信息意识和高超的检索技能。通过不断学习和实践，档案工作者能够熟练掌握各种检索手段和方法，为用户提供更加优质、高效的档案服务。

二、档案的利用

（一）档案利用工作

档案利用工作又称档案提供利用工作，是指档案部门以馆（室）藏档案资源为依据，通过一定的方式与方法，直接提供档案信息，为社会各项事业服务的一项工作。

档案人员应树立良好的服务观念，分析预测不同的利用者不同时期的利用需求，掌握利用工作规律，熟悉馆（室）藏内容，并为利用者提供必要的设备和条件。

（二）档案提供利用的方式

1. 档案阅览服务

档案阅览服务，是指档案馆（室）设立专门阅览场所，为利用者提供档案服务的一种基本方式。阅览室的设置应该以宽敞、明亮、舒适、安静、安全为基本要求。一般应配有必要的利用设施和相应的参考工具。阅览室还必须制定阅览制度，作为利用者共同遵守的行为规范。

2. 档案外借服务

档案外借服务，是指档案馆（室）按照一定制度和手续，暂时将档案借出馆（室）外使用的一种服务方式。这是一种需要严格控制的档案借阅形式。

对外借的档案必须制定与执行严格的规章制度。首先，要履行一定的审批手续，进行必要的登记签字；其次，要控制借阅的期限和数量，严格催还和续借制度，避免因外借时间过长致使档案损毁；最后，对归还的档案应完善归还注销、清点检查制度，确保外借档案安全、完整地收回。

3. 制发档案复制本

制发档案复制本，是指档案馆（室）根据档案用户的合理需要，以档案原件为依据，通过复制、摘录等手段，向档案用户提供档案复制品的一种服务方式。所谓副本，是指能反映档案原件的所有组成部分；而摘录，是指只选取原件的某部分内容。复制方法主要有复印、手抄、打字、印刷及摄影等。

在制发档案复制品时，对复制珍贵及易损档案应严格控制，复制应履行一定的审批手续，对制发范围和审批权限等应做出明确规定。为确保档案复制本的真实性，应在档案文件空白处或背面注明档案保管单位名称、档案原件编号，必要时，还要加盖公章以示负责。

4. 档案证明申请

档案证明是档案馆（室）应机关、团体、企事业单位或个人的申请，出具的书面证明，用以证实某一事实在馆（室）藏档案中是否有记载及其记载方式。

制发档案证明是一项具有高度政治性和政策性的工作，要求严格。首先，档案部门须认真审查利用者的申请书或介绍信，明确利用目的、用途及所需证明的内容范围。其次，出具档案证明必须遵循实事求是的原则，依据可靠的档案原件或副本、抄本进行准确、清晰的编写。编写完成后，须经过仔细校核，确认无误，并加盖公章后方有效。档案证明上应注明材料出处及编写方法。

最后，档案证明的编写应以引述和节录档案原文为主要方法。档案馆（室）并非国家公证机关，其制发的档案证明仅用于向利用者证实馆藏中某种事实的记载情况。因此，必须确保表述的准确性、真实性和客观性，避免擅自总结、评价或对档案原文进行解释。

5. 档案咨询服务

档案咨询是档案馆（室）人员解答利用者提出的问题，指导利用者查阅档案信息的一项服务工作。咨询内容有事实性或知识性，咨询方式有电话、来人、来函等。咨询服务一般分为：接受咨询、咨询分析、查找档案、答复咨询、建立咨询档案等步骤。

（三）档案利用的程序

1. 开放档案

根据国家档案局关于《各级国家档案馆开放档案办法》的规定，各级国家档案馆对开放档案的利用程序作出了具体规定。

（1）我国公民和组织利用开放档案的程序。中华人民共和国公民持有身份证或工作证、介绍信，可直接到档案馆利用。

（2）港、澳、台同胞和华侨利用国内已开放档案的程序。港、澳、台同胞和华侨利用国内已开放档案，如查取本人及其亲属历史证明，可持本人回乡证或身份证等有效证件，直接到有关档案馆利用；利用其他开放档案，须经大陆邀请单位、合作单位或接待单位介绍，提前30天向国家档案局或有关档案馆提出申请，说明自己的身份和利用档案的目的与范围及其他有关情况，并经保存该档案的档案馆同意，才可以利用已开放的档案。

（3）外国组织和个人利用我国已开放档案的程序。外国组织和个人在利用中国已开放的档案时，必须遵循《中华人民共和国档案法》及《中华人民共和国档案法实施办法》，以及国家档案局颁布的《外国组织和个人利用我国档案试行办法》等相关法规。只有经过中国相关主管部门的推荐，并获得保存档案的档案馆的同意，外国组织和个人才能直接到各级国家档案馆进行档案的阅览、复制摘录，或通过信函、电报等方式使用已开放的档案。此处的"有关主管部门"通常指的是负责外事工作的部门，或是接待外国组织和个人来华的单位的主管部门。

具体程序包括：外国组织或个人依据与中国各级政府及其部门签订的文化交流协定，通过相关部门的介绍，提前30天向相关档案馆提交使用档案的申请。若通过其他途径使用中央级和省级国家档案馆的档案，应提前30天向国家档案局或相关省级档案行政管理部门提出申请。申请者需要明确说明自己的身份、利用档案的目的、范围及其他相关信息，并在使用过程中遵守档案馆的相关规定。

外国组织和个人在使用各级国家档案馆的开放档案时，必须遵守档案馆的安排和各项规定。对于违反规定的利用者，档案馆有权根据情况给予劝告或其他适当的处理。如果在利用过程中造成档案损坏，档案馆可以根据档案的价值要求利用者进行赔偿或采取其他相应的措施。

2. 未开放档案

在探讨未开放档案利用条件时，我们必须严格遵循《中华人民共和国档案法》及《中华人民共和国档案法实施办法》的相关规定，以确保档案利用的合法性、合理性和安全性。对于保存在各级国家档案馆中，尚未达到法定开放期限或依据规定须延期开放的档案，其利用条件须经过细致而审慎地考量。

（1）利用主体须符合法定资格，即我国的国家机关、团体、企事业单位和其他组织及公民个人。这一规定确保了档案利用活动的广泛性和多元性，同时也体现了档案资源的社会共享性。

（2）利用目的应服务于经济建设、国防建设、教学科研和其他各项工作的需要。这一条件强调了档案利用的目的性，旨在促进档案资源的有效利用，为社会发展和进步提供了有力支持。

（3）利用者还须获得保存该档案的档案馆的同意。在必要时，档案馆还须报经同级档案行政管理部门审批同意，以确保档案利用的合规性和安全性。这一程序体现了对档案利用的严格管理和监督，保障了档案资源的完整性和安全性。

（4）利用者在利用未开放档案时，必须严格遵守国家制定的相关规定。这些规定可能包括保密协议、利用限制、利用方式等方面的内容，旨在确保档案资源的合理利用和保密性。

3. 移交、捐赠、寄存的档案

向档案馆移交、捐赠、寄存档案的单位和个人，对其档案享有优先利用权，并可以对档案中不宜向社会开放的部分提出限制利用的意见，档案馆应当维护他们的合法权益。

根据上述规定，向档案馆移交、捐赠、寄存档案的单位和个人，在档案利用方面享有下列权利：

（1）不论其档案的所有权归属如何，均有优先利用移交、捐赠、寄存档案的权利。

（2）可以对移交、捐赠、寄存档案中不宜向社会开放的部分提出限制利用意见。

（3）档案馆对寄存的档案，不得任意提供利用，如需提供利用，必须征得寄存者同意。

第四节　档案的编研与统计

一、档案的编研

"近年来，档案管理工作有了诸多新变化、新需求。档案编研工作主要是指从大量信息中挖掘有价值的信息，以此满足特定的利用需求。"[①]

档案编研工作是档案人员精选档案中最具价值的内容，以具有针对性的专题成果形式，提供给社会利用的重要工作。作为一种主动服务性的利用工作，档案编研能够提供经过系统整理和科学分析的档案信息，有效打破档案利用在时间和空间上的限制。

在从事档案编研工作时，我们既要尊重历史事实，保持档案文献的原貌和档案原文的真实性；同时，也应注重档案编研成果的实用性和社会价值，确保其能够真正服务于社会发展，满足社会的需求。

（一）档案编研的选题和选材

档案编研成果分为抄纂、编述和著作三类，它们的工作内容、步骤和要求虽各具差异，但也有相同之处，其中，选题和选材是关键，是档案编研工作的开端和基础。

1. 档案编研的选题

一般而言，利用需求、档案基础和编研力量是影响选题的三大因素。

（1）利用需求。通常情况下，编研人员关注的课题主要是与当前社会政治、经济、文化、民生等方面的热点问题相关联。因此，满足现实需要是选题的首要标准，同时还应关注具有历史意义的课题。

（2）档案基础。档案基础一方面是指档案价值，档案价值取决于档案内容所反映问题的重要性、反映问题的深度，以及人们对此的关心程度；另一方面，档案基础还是指本单位档案收藏情况。收藏档案数量多，且价值较高的档案馆（室）往往在选题上更加游刃有余。

（3）编研力量。编研成果的选题，必须由编研人员在调查分析的基础上，

---

① 代丽华. 新时代档案编研质量提升的路径思考 [J]. 办公室业务，2024（10）：146.

获取社会各方面对档案信息的需求，并要有一定的超前意识，善于辨别和捕捉各类热点问题。与此同时，选题也要从编研人员的业务素质和技能状况出发。惟有如此，档案编研工作才能处于主动地位。

总而言之，选题必须符合利用需求，必须以档案为基础，必须从编研人员的实际情况出发，这是选题的基本规律。

2.档案编研的选材

选材是一项技术要求较高的工作。在实践中，常采用复式选材的方法，即将选材过程分为初选和复选两个阶段。在初选阶段，重点在于充分收集材料，确保不遗漏任何必要的资料，即达到"应选尽选"的目的；而在复选阶段，则侧重于确定必要的材料，同时剔除重复的和价值相对较低的材料。

相对而言，初选阶段的工作量通常较大。为了提高工作效率和质量，建议从直接档案全宗（与选题直接相关的档案全宗）开始，充分运用内容性质律（档案内容与课题要求的相关性）、属地律（档案材料所涉及的地区范围与课题的关联性）、时段律（档案材料分布的时段范围与课题的契合度）及关系密切人物律（档案材料所涉及的人物与课题的紧密程度）等材料分布规律，利用各类检索工具，有针对性地进行广泛而深入的材料收集。

同时，在涉及现当代历史的编研课题中，特别需要注意口述史料的采集。但在采用这些史料时，应格外谨慎，须与档案资料相互印证，确保其真实性和准确性。

（二）编辑抄纂型成果

抄纂是一种整理、公布档案原文的档案编研工作，是档案编研的基础性工作。

1.转录

转录是档案工作中的一项重要环节，它涉及将档案制作副本供编研人员整理之用。无论是通过手工抄录还是利用电脑、复印机或扫描设备，转录过程中都必须严格保持档案的原始面貌，确保转录件与档案原文的高度一致性。

在转录过程中，必须认真辨识档案原文，尤其是要认清档案稿本中的改稿符号。对于繁体字、异体字、古体字、俗体字及不规范的简化字，应将其转换为规范的简化字。对于档案中的书写格式，如果与现代通用格式不同，只有在改动后不影响对原文的理解时，才可进行适当调整；如果格式变动可能导致误解，则应保留原样。对于因档案原件破损而无法辨认的字，应使用"□"来标明，如一个字无法辨认，则在相应位置标注一个"□"，以此类推。如果无法辨认的字数较多，可连续标注三个"□"，并注明"此处有若干字（或数行）无法辨认"。

根据编辑课题的不同要求，转录可分为全录式、节录式和混合式三种方式。

（1）全录式。是将档案内容完整无缺地移录下来的方式，它最大限度地保留了档案文献的真实面貌，是转录的基本形式。

（2）节录式。根据题目要求，只转录档案中与题目相关的部分。节录式可进一步细分为删节和摘录两种形式。删节时，使用特定的删节符号来表示被删除的部分，如档案开头部分被删节，可用"＜上删＞"或"＜上略＞"表示；中间部分被删节，可用"＜删＞"或"＜略＞"表示；末尾部分被删节，可用"＜下删＞"或"＜下略＞"表示。摘录则不需要使用删节符号，但应在标题中注明"（摘录）"字样。

（3）混合式。根据题目需要，结合全录和节录两种方式，既突出重点，又避免内容过于庞杂，因此被广泛应用。

2.点校

点校工作，作为档案管理与利用的重要环节，承载着维护档案原文真实性、促进档案内容准确理解的重要使命。在点校过程中，必须严格遵循存真、慎改、标注、护档等原则，以确保档案内容的完整性和准确性，同时便于读者理解和利用。

（1）存真原则与校正工作。存真原则是点校工作的基石，它要求我们在处理档案原文时，必须保持其内容的原始性和真实性，不可随意增删改易。但这并不意味着我们要放任档案中的错误和缺陷，而是要通过校正工作，纠正档案原文中明显的讹、脱、衍、倒等文字错情，以还原档案的真实面貌。

在校正过程中，我们需要采用合适的点校符号，在文字错漏处标示出正确的字词。对于错字（讹字）、漏字（脱字）、衍字、倒字等错误，我们要根据档案原文的实际情况，结合历史文献、古汉语知识、中国近现代史等相关知识，进行准确的判断和纠正。同时，我们还要注意保持档案的原始性和真实性，不得因校正而改变档案的原意。

（2）慎改原则与校勘工作。慎改原则要求我们在点校工作中，必须持以严谨慎重的态度，不可轻率改动档案原文。在校勘过程中，我们要依据同一编研材料的不同文本，指明它们之间文字的异同，让读者对档案内容有更深入的了解。

在校勘时，我们要注意各种特殊情况的处理。例如对于历史档案中的用词方式和译名不统一等问题，我们要根据历史背景和文献记录，进行准确地判断和选择。对于档案的底稿删改涂抹的情况，我们要根据作者的原始意图和删改情况，完整地恢复被删去的文字，以便读者更好地了解档案内容。

（3）标注原则与分段、标点工作。标注原则要求我们在点校加工之处，必须向读者交代清楚改动的原因和依据。在分段和标点工作中，我们要根据档案原文的实际情况，进行合理的分段和标点，以使档案原文脉络清晰、易于理解。

在分段时，我们要注意保持段落的单一性和完整性，与文献结构保持一致，不背离作者的原意。在标点时，我们要在准确理解原文的基础上落笔，以尽量避免失误。同时，我们还要准确掌握标点符号的意义和用法，特别是感叹号、省略号和圆括号的使用问题，要根据档案原文的实际情况和标点符号的规定进行正确的使用。

（4）护档原则与注释工作。护档原则要求我们在点校工作中，必须保护档案原件的完整性和安全性。在注释工作中，我们要对档案中不容易被读者所了解的内容和文字进行说明，以便读者更好地理解和利用档案。

注释工作可以分为正文夹注、脚注、篇（段、书）后注等多种形式，根据注释对象的性质，又可以分为文字注释和内容注释等。文字注释主要是对档案原文中的字词、句段等进行解释和说明，内容注释则是对档案中的历史事件、党派团体、职官制度等进行解释和说明。通过注释工作，我们可以帮助读者更好地理解档案内容，提高档案的利用价值。

3. 拟制标题

标题，又称题名，是构成抄纂型成果最基本单位的一段、一篇或一组档案的题目，是这一基本单位内容的准确概括和揭示。需要说明的是，《档案著录规则》（DA/T 18—1999）将标题一概称作题名，主要是指单份文件的题目及案卷封面上的题目。但在抄纂型成果中，经常出现摘抄节录某件档案内容的现象，此时往往需要根据实际情况，重新拟制题目。为示区别，本章中将抄纂型成果中的档案题目统称为标题。

（1）标题的类型。标题的类型，主要有单份文献标题和组合标题两种。单份文献标题里又可细分为标准型和双层型。我们在日常工作中所见的单行标题就是标准型，双层型大多是将内容要素单独列为一行，其他要素置于另一行，这样就区分出上行标题和下行标题两个层次。组合标题是一组内容联系紧密的文件所共有的一套标题，分为总标题和分标题。其中，总标题主要揭示该组文件的共性，分标题主要揭示组内各单份文献的特性。然而，在编研实践中，较少采用双层型单份文献标题和组合标题。

（2）标题的基本构成。一个完整的标题由作者、内容、受文者、文种、时间和地点六大要素组成，其中，作者、内容、文种、时间是基本要素。不过，在拟制标题时，不必拘泥于要素成分是否完整，应根据档案内容的实际情况加以灵活运用。

（3）拟制标题的基本要求。拟制标题时，要满足下列基本要求。

完整：除去可以省略的，标题的各种要素应该尽可能完整。

准确：标题内各种要素应按照规范表述，明确无误。

简明：尽力摒除一切描写，少用甚至不用形容词，少用描述过程的语句，点明内容即可。

适度：适度表露编者的思想倾向，必须沿用不好的词汇，须用引号标示。

统一：标题的形制要一致。在同一编研成果中，标准型与双层型不得混用。

4. 编排

编排是对由多篇档案组成的抄纂型成果中的档案进行分类，确定编排体例，并按照编排体例排列档案材料，并编制目录的工作。其中，确定编排体例对于编排工作至关重要。

（1）编排体例。编排体例实际上是档案的一种排列组合形式，它可以区分为不设类项、单层分类和多层分类三种。

不设类项，即不进行分类，而是直接按照档案形成的时间先后顺序进行排列。在特定情况下，对于特别重要的文献，可以将其排列在序列的最前面。

单层分类，则是依据一定的分类原则，将编研材料划分为若干个类别，且每一类材料都按照其形成的时间先后顺序进行排列。单层分类可以根据历史阶段、档案所反映的问题、档案内容所属的地区、作者或受文者的不同、文种等不同情况来进行分类。

多层分类，则是将单层分类的原则进一步应用，对编研材料进行逐级分类，形成两个或两个以上的类别层次。常见的层次数一般在2～4个，最多的也不过5～6层。但不论分为多少层次，每一层次中的材料都须按照其形成时间的先后顺序进行排列。

在档案文献的编排中，必须最大限度地体现出它们之间最主要和最基本的联系，特别要注意时序问题和因果关系。同时，讲究概念的明确性，确保名实相符，以突出档案文献的思想性。

（2）编制目录。目录是按编排体例标示抄纂材料的标题次序，并注明其所在页次的一种检索工具。编制目录是整个编排工作的最后一环。目录一般位于序言和编辑说明之后，正文之前。常见的目录有简要目录、详细目录和总分结合式目录三大类。

简要目录是列出抄纂成果的类项，或者是篇、章节、目等名称及其所在页次，适用于节录式的抄纂成果；详细目录须列出汇编中每份（组）档案的标题及其所在页次，适用于全录式抄纂成果。总分结合式目录包括总目录、分目录，主要用于多卷集的档案汇编。

（三）编写编述型成果

编述型成果种类繁多，大致可以分为指南型和撰述型两大类。

1. 指南型

指南型材料是帮助用户熟悉档案馆藏情况的编研成果，主要包括文摘、专题目录、科技档案形成说明书和全宗指南等类型。

文摘提供文献内容的浓缩梗概，要求忠实原文且文字简练。科技档案文摘分为报道性、指示性及报道—指示性三种，字数和内容深度各有不同。编写文摘须深入理解原文，确保信息传递准确无误。

专题目录将特定专题的档案标题有序排列，形成检索工具。它按专题分类组织，具有实用性和针对性。编制专题目录须设计著录项、组合著录项，并撰写说明，以辅助用户利用。

科技档案形成说明书全面介绍科研项目及其档案形成情况，适用于复杂项目。它帮助用户快速了解项目概貌，提供使用指导。编写时应使用表格式方法，确保内容准确、全面。

全宗指南介绍全宗构成者及其档案情况，包含全宗名称、来源简况、档案内容介绍和检索注意事项。它按全宗档案的实际分类体系介绍，重点介绍反映基本职能和主要活动的档案。

档案馆指南是介绍档案馆及馆藏的工具书，帮助用户了解档案馆状态，提供查阅信息。它包括提示、正文和补充三部分，涵盖档案馆概况、馆藏介绍等，是提升服务质量、促进档案利用的重要工具。

这些指南型材料对提升档案馆服务、促进档案资源开发具有重要意义，是档案馆工作的重要组成部分。

2. 撰述型

撰述型材料是编研人员基于特定课题，整合档案信息并形成的一种成果，重点在于阐述档案内容的来龙去脉，并对信息进行编辑加工。这类成果在编写上相对自由，尤其适用于大事记、组织沿革、摘报等形式，它们构成了基层档案部门编研工作的核心。

大事记是一种按时间顺序记录重大事件和活动的工具。它要求时间记录精确，事实真实准确且简明，遵循重要事件优先的原则。大事记分为综合性和单项性两种，组织形式包括编年体、纪事本末体和编年纪事本末体，各有其优缺点。

组织沿革详细记载单位或机构的变迁，包括名称、成立时间、内部结构变化等，编写体例有按系列、编年、阶段分述三种，表达方法则有文章法、表格法和图示法，以适应不同的展示需求。

摘报则是为领导提供档案信息，以供工作参考的编研成果。它以短小精悍、语言平实、编制快速为特点，编写方式多样，可以是单议题或多议题，定期或不定期出版。摘报的选题应符合实际工作需求，内容紧扣主题，标题明确，重要内容可用醒目字体标注，避免歧义词汇。

撰述型材料的编写要求编研人员准确把握信息，合理组织内容，以确保成果的实用性和参考价值。通过这些材料，档案部门能有效地服务于决策过程，提供丰富的历史背景和现实依据。

（四）编撰著作型成果

1. 论文

论文是对哲学社会科学和自然科学中的一些问题进行科学的理论分析，揭示其本质、规律，表达作者看法的论说文章。论文不是档案原文的简单叠加，也不是原文的摘编、缩编、改写，而是在对大量档案信息的提炼综合、分析研究的基础上，揭示档案内容的实质和内在联系，是对档案信息的深度加工。

科学性、理论性、首创性和有效性是论文的基本特点。一篇规范的论文至少包括以下几个成分：标题、摘要、关键词、正文、注释（参考文献）等。论文的标题要求准确、简练、醒目，让读者一见便知文章论述的中心内容。摘要常置于篇首，用以简要概述论文的论点和结论，引导读者继续阅读正文。论文摘要以100～200字左右为宜。关键词是从论文的标题、摘要和正文中选取出来的，是表述论文主要内容、具有实质意义的学术词汇。关键词也是用作计算机系统标引论文内容特征的词语，便于信息系统汇集，以供检索。

正文是论文的主体部分，涵盖了提出问题、分析问题、解决问题和给出结论这四方面。提出问题即亮明论点，分析问题、解决问题即依据论据，展开论证，最终论点、论据和论证聚焦一处，就得出结论。习惯上，在正文行文之前，还有一个导言部分，主要是交代论文的立题目的和意义、已有研究基础、研究范围等。导言文字应短小精悍、紧扣主题。

注释是对论文中的语汇、内容、背景或引文的来源等做简要介绍，一般为脚注（页下注）。若论文篇幅较长、章节较多的，亦可采用章（节）后注等。参考文献是将论文在研究和写作中参考或引证的主要文献资料加以枚举，列于论文的末尾。列出参考文献的目的是让读者了解论文研究的来龙去脉，便于查找，同时也是尊重前人劳动成果。因此，注释和参考文献既有学术规范问题，也有科学道德问题。

论文由论点、论据和论证组成。只有论点正确鲜明、论据确凿可靠、论证严谨缜密的论文才称得上是一篇好论文。要做到这点，除了在选好主题、择好材料、完善结构、充分利用材料展开论证外，还必须对已经成稿的论文进行精细加工，在主题把握、材料增删、结构调整、文字推敲等方面不断修改完善。

2. 展览大纲和小样

展览是一种通过实物、图片结合说明文字，并运用多样展示手段，将这些元素组织成一个完整整体供人参观的活动。本书所指的展览特指由档案部门主办的展览。筹备和举办展览是一项系统性工程，涉及档案的征集接收、整理保管、利用等多个环节。其中，展览的基础性工作——展览大纲的撰写和素材小样的制作，属于档案编研工作的范畴。

展览大纲是整个展览的框架，可以按照时间顺序组织展品，也可以根据专题来区分和组织展品，共同表现一个主题。在撰写大纲的过程中，编研人员应精心挑选展品。对于档案部门的展览，展品主要来源于馆藏资源。熟悉的编研人员可以根据草拟的大纲查找和确定展品，并在发现新展品时不断调整大纲结构和内容。如果对馆藏不够熟悉，编研人员应先根据展览主题挑选展品，再编制大纲。没有展品支撑的大纲编制是无实际意义的。因此，在展览筹划阶段，大纲和展品之间存在互动关系。

大纲和展品确定后，展览将进入内容审核和场地设计布置阶段。但大纲仅是文字稿，无法展现展览的整体空间效果。为此，编研人员需要制作素材小样，供审核者和设计人员审查、修改和布展设计。素材小样是基于大纲，将展品图像资料与说明文字结合，形成一个图文并茂的展览素材稿。素材小样的制作有助于展览布展工作的实质性启动。

3. 图册

图册是主要利用照片或其他图片编制的编研成果。与展览相仿，这里所说的图册特指档案部门制作的图册或是其他机构利用档案图照编成的图册。

图册的主干是照片（图片）和文字两大块。历史原照是很多档案部门的特色馆藏之一，这些原照清晰度高、史料价值珍贵，是编制图册的优质素材。除了照片外，诸如报刊插图、地图、海报，均属于图片。即便是纸质档案，在经过扫描或拍摄后也可以用来制作图册。照片和图片的混搭，是图册编制过程中常见的现象。

文字方面，要紧扣图片内容，注意详略得当。以档案图照为主的图册，由于其影像资料具有很强的历史感，所表现的内容远离现实生活，只有标注相应的文字，而且是比较详尽的文字，人们才能知其所以然。

（五）编制辅文

辅文，也称参考材料，是指编研成果正文之外，帮助读者阅读使用编研成果的文字、图表、照片等附加成分。

辅文按性质和用途可分为三类：评述性辅文，以序言为代表；查考性辅文，包括编辑说明、注释、大事记及各种附录；检索性辅文，主要是目录和索引等检索工具。

1.序言

序言，也被称作前言、引言等，其作用在于阐述编研成果的宗旨和起源，概括介绍成果内容，并对其价值进行简要评述，同时表达编研人员的心得体会。序言是全书的导引，旨在帮助读者更好地理解和利用编研成果，发挥着重要的指导作用。

撰写序言时，应结合档案资料，明确展示编研成果的主要内容和特点。一般而言，编研成果的序言包含以下要素：明确编研成果的目标和重要性；阐述编研课题的起源和背景；概述编研成果的主要内容；介绍档案的作者；评价档案的价值；阐明编研人员对档案中某些观点的态度等。

除了编研人员自己撰写的序言，即编者（作者）序之外，序言的形成还有其他形式。例如非编者（作者）序通常由相关领域的领导或知名专家学者撰写，侧重于评价编研成果的意义和价值。另外，代序是一种以与编研成果内容密切相关的学术文章代替传统序言的做法，这篇文章可以来自编研人员或外部专家。

对于汇编法律规章、政策制度等的编研成果，通常不包含序言。而对于那些发表在报刊上的小型编研成果，则可以通过"编者按"的形式进行简要介绍和说明。

2.编辑说明

编辑说明，又称编者的话、编辑例言、出版说明、凡例、编例等。编辑说明的作用有两个：一是介绍编研成果的构成；二是介绍编研人员所做的工作。著作型成果一般不需要编辑说明。

编辑说明的主要内容有编写目的、内容范围、材料来源、编写原则及方法、内容编排方式等。为了让读者一目了然，编辑说明通常采用条目式的写法。

3. 索引

索引是将编研成果中的内容要项或重要名词逐一摘出，按照一定的规则排列，标明其页数，以备读者查找的一种检索工具。

索引主要由名目和注码两部分组成。名目指列入索引的被检索对象的名称，经常使用的有人名、地名、文献名及专业术语等。注码是依次出现于编研成果中的该名目所在的所有页码。注码之间的符号可以使用逗号、分号、顿号等，但必须统一。虽然索引和目录都是检索工具，但由于索引列出了被检索对象的具体名称和所在页码，较之目录，索引具有更强的针对性、更大的灵活性和更高的准确性。

编制索引第一步要从读者的需要和编研成果的内容特点出发，确定索引种类。第二步是在文稿上进行标引，即查找到相应的名目，并在名目处做一记号。标引时要注意异人同名和一人多名、异书同名和同书异名等现象。第三步是摘录名目，将已标引的名目一一摘抄下来，按照笔画顺序等次序排列。改编页码是最后也是最关键的一步。因为文稿上的页码与出版清样上的页码不同，千万不能将从文稿上摘下的页码当作索引最终的注码来使用。正确的做法是根据已摘录的名目，在出版清样上找到其对应的页码，然后逐一标注。至此，索引的编制工作就大功告成了。

4. 附录

附录是附在正文后面、与正文内容相关联的参考资料。附录是为供读者在阅读、使用编研成果时查阅资料而设，同时也可以使编研成果的内容显得更加充实、丰满。

附录分为表册型、文献资料型和图照型三种。表册型即各类目录、表格，如《上海租界志》附有《新旧路名对照表》《人名译名对照表》《机构、职衔等译名对照表》。在大型编研成果中，大事记也可视作表册型附录。科技档案编研成果的表册型附录更多的是常用公式表、数据表等。

文献资料型就是将一些与编研成果内容直接有关的文献资料作为附录。《上海档案志》的附录就是这一类型。

图照型是指将照片和图片作为附录。图照型附录是对编研成果内容的形象诠释，容易为读者所理解和接受。

在编制附录时，须注意三方面的问题：其一是关联性，附录的内容必须紧紧围绕编研成果的主题，不能刻意增加无关紧要的附录；其二是实用性，附录应该是对读者有切实帮助，且宜少而精，附录不能喧宾夺主、主次颠倒；其三是准确性，附录常常被当作查考资料来使用，编制时要注重准确规范，以免误导读者。

二、档案的统计

（一）档案统计的内容

档案统计是指运用一系列的统计技术和方法，通过表册和数字的形式描述和分析档案工作中的各种现象、状态和趋势的工作过程。它是了解、认识和掌握档案工作总体情况的重要手段。保证统计资料的准确性、及时性和科学性是档案统计工作的基本要求。

档案统计工作主要包括档案的基本登记和综合统计两部分。从统计对象来看，档案统计工作可分为两个方面：一是对档案实体及管理状况的统计；二是对档案事业组织与管理状况的统计。

（二）档案统计的步骤

档案统计工作的基本阶段包括三个步骤，即档案统计调查、档案统计整理和档案统计分析。

1.调查

统计调查的基本形式有统计表报和专门调查两种。统计表报是各级档案行政管理部门和档案馆（室）按照统一的规定自下而上地向同级和上级档案行政管理部门定期报送的统计材料。统计表报往往带有专业性和强制性。

作为统计表报的补充，专门调查是为了认识和解决某一专门问题而临时组织的调查，其目的是反映某一事物在一定时间内的发展水平和状态，所以往往采用的是一次性调查形式，一般可以分为普遍调查和抽样调查两种类型。

2. 整理

档案统计整理是档案统计工作的第二阶段，它是对经统计调查所获取的原始数据进行加工汇总等综合处理，使之规范化、系统化的工作。档案统计整理的具体方法有两种：统计分组和统计表。

统计分组是档案统计整理中的一个重要方法，是对统计对象和有关数据按某种特征或标准进行分类，然后将各组内的统计对象和数据进行排列、汇总，从而说明各类现象的质的特征与发展规律。统计表就是把档案统计调查得来的原始数据进行汇总时的一种工具和表述方式。

3. 分析

统计分析是档案统计工作的最后阶段。通过对各级档案部门的工作进行分析和比较，可以更好地了解和掌握档案工作的规模、水平和发展趋势，从而充分发挥档案在国家经济社会发展中的作用。

档案统计分析主要有对比分析、静态分析、动态分析与综合分析等方法，其他还有相关分析、因素分析、专题分析与系统分析等。各单位可以根据统计工作的任务和目标选用合适的统计方法。

第四章　档案服务拓展与创新探索

第一节　档案文化创意服务与提升

一、档案文化创意服务的内涵

档案文化创意服务的提出，除了社会发展和公共服务的现实需要之外，与档案学理论研究的不断深入发展密不可分。特别是在后现代主义思潮的影响下，档案工作者重新思考其工作的价值和定位，积极通过提供公共文化服务参与社会记忆的构建。基于文件连续体模型的档案学第五维度理论、档案情感理论、档案多元论，为档案文化创意服务提供了档案学的理论依据，文化创意产业理论为档案文化创意服务提供了产业经济学的理论基石。

档案文化创意服务的内涵，即通过借助各种创意途径，挖掘文化内涵，以更好地满足用户需求的一种服务。借助"文化内涵+创意途径"的方式，可有效挖掘档案文化价值，赋能档案资源。传统档案服务单一、缺乏趣味性，难以得到大众的青睐，融入创意、依托新技术的档案文化创意服务更受当下大众的欢迎。

二、档案文化创意服务水平的提升

2017年国务院办公厅印发的《关于进一步激发社会领域投资活力的意见》中鼓励文化文物单位与社会力量合作，以促进文化创意产品的开发。档案馆可顺势而为，尝试打造一个具有影响力、指导和借鉴意义的档案文化创意服务示范平台。档案文化创意服务平台的服务架构分析如下。

（一）资源层：广泛征集，优化资源

档案资源是开展档案创意服务的基础，可从以下三方面入手做好档案资源收

集工作：

第一，完善已有馆藏的整理工作，为后续创意型开发打下基础。档案馆丰厚的馆藏资源是其开展文化创意服务得天独厚的资源优势。档案馆作为保管各类档案的机构，各类档案信息资源经过整序、加工、处理，具有很强的系统性、连续性和科学性。

第二，有意识地收集开发价值较高的各种类型、专题的档案，可以是历史档案，也可以是关于时下热点话题的专题档案。

第三，基于上述资源，将"创意"和档案融合，提炼文化价值，关注档案文化价值的隐性知识特征，针对其文化内涵进行深度加工，创新文创产品。有意识有计划地收集更多有开发价值的文化资源进馆，优化馆藏结构，也是解决问题的重要对策。

档案馆还可借助公众力量来丰富获取档案资源的途径。档案机构借助公众的力量丰富馆藏资源，不仅能让公众了解档案收集工作，增强档案意识，还能扩大档案收集范围，获得丰富的档案资源，更好地保存社会记忆。

（二）管理层：跨界携手，专业深耕

档案主管部门应积极沟通协调，努力达成跨主管部门的协调沟通，为后续合作奠定基础。档案馆要积极推进馆际合作，争取与其他文化机构的联合响应。档案文化创意服务离不开博物馆、图书馆、美术馆等文化遗产机构，档案馆、博物馆、图书馆都是留存人类社会发展文明和记忆的机构，若能进行协调合作则可以实现更大层面上资源的汇聚，同时也可以避免各部门因为各自为政、重复建设所造成的资源浪费。如在许多国家和地区，档案馆、图书馆等机构往往联合起来以形成集群效应。

档案业务部门虽然有馆藏和人才优势，但独立开展文化休闲活动成本过高，也很难产生广泛的社会影响，合作则有利于形成客观的集聚效应和规模效益。尝试开展馆际合作、馆企合作、馆众合作等多种档案馆跨界合作的方式，取长补短，充分发挥各主体优势，是档案文化创意服务实现的必然和有效路径。

（三）技术层：科技助力，形式多样

档案文化创意服务的基础是数字档案资源的收集与整理。在"互联网＋"的时代，采用人工智能、增强现实等新技术，对档案便捷化服务、档案价值的展现都具有重要影响，新技术与档案工作的深度融合，可促使档案服务提质增效，激发档案文化创新服务的新活力。如在馆藏挖掘方面引入人工智能技术，帮助馆员更好地管理、研究档案。此外，在开展档案展览等相关工作时可充分结合VR技术，将真实世界信息和虚拟世界信息"无缝"集成，增强档案展览的体验感与新鲜感，实现观众与馆藏的实时互动，打造沉浸式的感官体验。

新技术还可为档案馆文化创意服务提供新渠道。档案馆应善于利用档案馆网站、公众号、微博等社交媒体平台为档案文化创意服务提供助力。一方面，开发主体与文化创意产品受众及时进行反馈与交流，既能满足公众在档案文创产品开发中参与和表达的愿望诉求，档案馆又能及时得到反馈，随时调整开发策略，提升效率与质量；另一方面，档案文化创意产品不能束之高阁，行之有效的宣传推广策略是必要的。

（四）用户层：专属定制，沉浸体验

深入认识档案工作对象的多元化，全方位考虑档案文化创意服务对象的多样化需求，实行用户分层策略，针对不同用户群提供不同档案文化创意服务方式。如对有专业需求的研究学者提供历史档案编研成果，对社会大众提供丰富有趣的展览、专题讲座，对学生儿童提供趣味科普休闲漫画、小游戏等。为公众打造沉浸式服务体验，以档案展览举例而言，随着社会公众文化品位以及鉴赏水平的提高，对档案展览的内容和形式表达都提出了更高的要求。枯燥单调的单一展览已无法抓住公众的注意力，应合理利用馆藏资源、主题、建筑空间，搭建"场景"，营造身临其境之感。

开发对用户兼具实用性与创意性的档案文化创意产品，从近些年持续走红的故宫文创产品中也不难发现公众在选择文创产品时实用性是其考虑的重要因素之一。

第二节　档案知识服务与智库建设

一、档案知识服务的内涵与原则

（一）档案知识服务的内涵

档案是全党、全国人民各方面活动的真实记录，是各项事业持续发展的重要依据，它不仅对深化改革、发展经济、推动科技进步、提高国民素质有促进作用，而且对维护祖国统一、加强民族团结、保持社会稳定具有重要作用。我国档案馆是党和国家的科学文化事业机构，是永久保管档案的基地，是科学研究和各方面利用档案史料的中心。为现实的社会主义现代化建设和历史的长远需要服务是档案馆的基本职责，通过多种方式积极开展档案资料的利用工作是档案馆的基本任务。

便于社会各方面的利用是档案工作的根本目的和基本原则之一，知识服务的最终目的是服务用户解决问题的全过程，满足用户的信息需求。知识服务与档案工作的最终目的异曲同工，并且知识服务可以使档案馆利用服务工作提升到一个新的更高的层次。

数字档案的出现改变了传统档案建设的概念、理论和方法，改变了档案建设体系结构与内容，拓展了档案信息资源的空间和服务模式。当前提倡档案知识服务，应该从我国档案馆信息化建设的现状出发。作为服务主体的档案馆要紧紧围绕"以用户为中心"的工作理念，充分调研档案用户的现实需求，根据用户的需求目标及其问题环境，依托拥有的各类知识信息资源（包括馆内外档案信息资源及人力资源），全面运用知识组织、知识挖掘、知识推送等知识技术和方法，探索各种可行的知识服务模式，整合档案知识向用户提供问题解决方案，同时提高用户知识获取和知识创新的能力。

档案知识服务是在信息服务的基础上将档案信息进一步知识化的过程，相较于传统的档案服务，知识服务在服务理念、服务目的、服务方式、服务手段、服务时效等方面都有很大的优势。因此，探索实施档案知识服务，更能满足知识经济时代社会发展对档案馆利用服务工作的要求。

（二）档案知识服务的原则

1.维护档案的完整性与安全性

维护档案的完整性与安全性，是档案工作的基本要求。只有维护档案的完整与安全，才能维护党和国家的历史真实面貌，才能充分发挥档案的作用。维护档案的安全，包括维护档案的实体安全和内容安全两方面，既要在管理和技术上采取相关措施维护档案的实体安全，又要对机密档案和需要控制利用范围的档案实行严格的管理，确保机密档案不丢失、不泄密、不超范围扩散，以维护档案的内容安全。

档案知识服务向用户提供的是数字化的档案知识，信息网络环境下数字信息的特征决定了档案馆开展知识服务面临着更多的挑战。网络环境下档案信息资源开发具有开放性、多样性、交互性的新特点，同时又具有相当的依赖性和脆弱性。互联网作为一个开放的平台，对档案信息的安全、保密、可靠性等方面构成了很大的威胁，加之档案信息开发工作对信息技术和信息标准化体系的强烈依赖性，使得维护档案的信息安全成为档案知识服务工作的首要原则。

2.维护档案关系人的权益

《中华人民共和国档案法》中明确规定，属于国家所有的档案，由国家授权的档案馆或者有关机关公布；未经档案馆或者有关机关同意，任何组织和个人无权公布。集体所有的和个人所有的档案，档案的所有者有权公布，但必须遵守国家有关规定，不得损害国家安全和利益，不得侵犯他人的合法权益。档案馆应当维护向档案馆移交、捐赠、寄存档案的单位和个人的合法权益。

档案知识服务以既定的馆藏为知识源，其中相当部分涉及国家、社会组织和个人的秘密或隐私。因此，在档案知识服务工作中必须遵守档案利用和公布的有关法规，在不危害国家的利益、不妨碍档案形成者及有关单位和个人的正当权益的前提下进行档案信息的知识组织与服务。

二、智库的内涵及其建设对策

（一）智库的内涵

智库是一种以政策研究为基础，通过自身研究的智力产品来影响公共政策，具备独立性、非营利性的组织机构。

通过智库的概念，智库的内涵可以分为以下三个层次。

第一，智库是独立的组织机构，智库组织的活动区别于个人的行为，它既不属于政府也不受国家的直接控制，不代表任何领域团体的观点和利益。随着现代社会经济体制日益复杂，对智库的研究成果价值需求不断提高，智库作为当今专业化智力成果的生产者，必须打造出品牌影响力，拥有自主研究的知识产品，扩大社会影响力度。

第二，智库是非营利性的组织，非营利的性质使智库建设具有现实意义，受政府及社会公共资助、具体项目委托资金等依托，虽然当前关于智库组织多以"中心""学会""研究所"来命名，但是不以盈利为目的，这也是智库主要区别于公共关系公司和咨询公司等具有盈利性质企业的根本。

第三，智库为政策提供咨询服务，智库不仅作为学术研究组织存在，同样也需要将研究成果推向社会，引导舆论的正确走向。智库研究人员明确自身主张和观点，基于市场调研和社会关注度，为政策需求者提供多种具有可行性的备选方案和优化方案，通过科学严谨的推理和理论论证，形成对决策具有凭证价值的研究成果。

（二）智库的建设对策

随着我国新型智库建设的转型，信息时代的快速发展和变革，智库功能建设的实践经验也变得格外重要。为了满足综合档案馆的现实需求，仍要借鉴国外转型成功的智库机构，将档案学理论和智库实践经验结合起来，制定出档案馆智库功能实现的良好对策。

1. 制订发展规划

近些年，中国特色新型智库建设的发展方向已经明朗，综合档案馆智库功能建设也在如火如荼地进行着，不断为实现智库功能制定出有理论支撑、机制保障的发展方向。综合档案馆智库功能建设是面向政府决策、面向未来的长期性工程，需要综合档案馆寻求出智库功能的实践依据。具体而言包括常态化发展规划、协同化发展规划两个层次。常态化发展规划是综合档案馆能够实现智库功能的有效措施，是综合档案馆智库功能得以可持续发展的基础要求；协同化发展规划则是指促进综合档案馆实现智库功能与我国国情发展下的中国特色新型智库的发展目标相一致，塑造共同发展的战略目标，使综合档案馆不仅可以成为政府决策的重要仓储，还可以成为社会政策分析与预测的中心。

（1）常态化发展规划。综合档案馆要想实现智库功能的常态化发展规划，归根到底是指综合档案馆要找到一种健全的、促进智库功能实现的有效措施。常态化发展规划是综合档案馆内部管理机制得以可持续发展、和谐发展的重要保障，也是在国家政策的大力推动下，形成的竞争机制里必不可少的选择。所谓常态化发展，是一种更加注重对长远发展，确保增长模式的需求，不单要满足现代社会所需，还要具有为未来综合发展考虑的视角。将综合档案馆智库功能的实现归入常态，成为一种在国家战略需求下、在社会服务创新建设下的重要发展方向。

第一，与社会各界需求者建立常态化发展。综合档案馆之所以要加速智库功能实现，旨在利用自身发展优势来服务和吸引更广泛的需求群体，其中包括个体需求者、企业、事业单位需求者和政府机构需求者等等。综合档案馆内馆藏的海量档案信息资源可以再现历史面貌，它独具真实性、凭证性的性质，确保综合档案馆可以利用国家提供的政策优势、综合档案馆自身的资源优势和信息时代给予的技术优势，高效、可靠地服务于不同类型的需求群体。在面对社会各界不同类型的需求群体时，综合档案馆开发的智库成果不仅要满足当代人的需求，同时应该具备长远的视角、制订成果服务的长期规划，同时也要满足后代对智库功能价值的认可，这才能够真正做到促进综合档案馆实现常态化发展规划。

第二，与服务国家社会经济建立常态化发展。综合档案馆作为服务国家、服务社会的机构，它所服务的需求群体不仅要与社会各界建立起相互依存、相互促进、共同发展的关系，更要站在宏观视角与国家社会经济建立起关联，保证综合档案馆在实现智库功能时所生产的智库成果具有固定的需求群体。综合档案馆智库功能的建设方向应该和中国特色新型智库的发展方向一致，保障智库成果的政策观点和现阶段国家社会经济发展状况协调一致，逐渐成为综合档案馆服务国家社会经济建设的重要功能体现。智库功能在发展的过程中不断提高综合档案馆的档案信息资源互通，为实现智库功能建立起良好的智政通道，并且要加大力度宣传智库成果的利用价值和在国家社会经济决策中起到的资政建言的作用，得以在竞争激烈的浪潮中完善自身实力，推动符合中国特色新型智库建设的发展。将综合档案馆智库功能的实现成为新常态，并影响着整个国家经济社会的发展进程。

（2）协同化发展规划。协同化发展规划指的是在综合档案馆实现智库功能的过程中和社会其他组织的发展方向得以协调一致，实现共同发展，同时这也是综合档案馆智库功能实现得到社会认同的必要发展规划。所谓协同，指两者或两者以上的不同个体之间可以合力完成共同目标的能力。协同化发展是在不同系统之间经过相互合作而产生的集体建设效应，强调了分工后合作的重要性，以汇聚分散的支持因素整合为一个整体，能够在实践过程中实现1+1＞2的效果。

第一，整体合作的发展规划。智库是在社会分工精细化的背景下形成的，综合档案馆作为社会服务机构，应该与社会其他机构之间进行整体合作，注重不同机构之间的联系，促进综合档案馆在理论研究上的理想状态转化为现实，将管理机制中的一系列流程变得常态化，协同发展规划是综合档案馆实现智库功能的必经之路。综合档案馆将相互独立存在的社会劳动连接起来，能够发挥出最具有价值的整体优势。

第二，不同产业之间的发展规划。档案信息资源的有限性、档案人才资源的不均衡性和档案学者理念创新的闭塞性，使得不同产业之间对档案资源的利用差异变得明显，这也是综合档案馆在智库功能建设中要在不同产业间建立协同发展的重要原因。综合档案馆因具有海量档案信息资源的先天优势，应该与其他资源匮乏的产业领域加强同步合作。具体来说，智库成果在开发过程中，综合档案馆应该以拥有先进的档案资源管理方法和专业的人才支撑，重视档案信息资源在智库成果开发过程中与其他产业之间的合作和互通，使档案信息资源在不同产业之间流动，促进档案信息资源、专业人才和服务创新理念的利用最大化，有利于综合档案馆在实现智库功能的道路上协同发展、稳定前行。

综上所述，综合档案馆实现智库功能的持续发展，就是在两方面保证协同化发展规划：一是综合档案馆的发展方向要依托于社会其他组织达成协作意愿，通过协作发展推动了档案资源的合理配置，得到社会的认同，从而肯定智库功能实现的价值；二是综合档案馆应与社会其他组织建立起协同的需求目标，从服务角度来说，智库功能实现的目标是为需求群体提供高效优质的智库成果，从而肯定了协同发展规划的价值。

综合档案馆为满足不同需求群体的多元化需求，在落实档案信息资源管理和服务工作的同时，不断开展和举办一些学术沙龙、文化论坛、座谈会、学术报告等公益性或非公益性的智库成果研究项目，在吸引社会关注度和扩大影响力的同时也要去满足不同群体对智库成果的需求。综合档案馆要带头响应国家政策号召，发挥档案资源自身优势，学习国内外智库机构的成功实践经验，促进综合档案馆智库功能建设实现常态化、协同化的发展规划。

2.专业团队建设

综合档案馆智库功能的实现，归根结底比拼的还是专业团队的智力水平和技术水平。智库的核心是人才，人才决定着智库建设和发展的关键因素。因此，综合档案馆要想实现智库功能，最重要的就是培育出具备高学历、具有广泛的社会阅历和国际视野的技术团队，凝聚社会上的一流人才。众所周知，智库具备"出决策""出思想""出声音"的功能，综合档案馆为广泛需求群体提供服务的同时，在生产成果、利用成果和转化成果的过程中都离不开人才的支撑。打造专业的技术团队作为综合档案馆实现智库功能的核心因素，积极培训出符合中国特色新型智库建设的人才，生产出为决策科学做出贡献价值的智库产品。综合档案馆智库功能的实现离不开专业技术团队的支撑，而如何打造这样优质的团队，应从设立严格的考核制度，完善人才选拔机制；打造学科互通、专业多样化的人才团队优化人才团队资源，提升智库影响力；完善人才培训制度这三方面出发。

（1）设立严格的考核制度，完善人才选拔机制。智库功能得以实现和完善离不开社会各领域为其提供专业化的高素质人才，而这些人才能够在机构内部聚合，是因为国外专门设立的档案职业资格认证制度，我国档案部门正是缺乏这种严格且专业性强的考核制度。随着社会各界对综合档案馆智库功能建设的认同，设立严格的考核制度，完善对专业人才的选拔，也是对提升综合档案馆社会影响力的贡献。我国必须加快规范档案工作人员的考核制度，全面落实并加强对档案职业资格证的制度建设，聚合社会一流人才。从专业知识上看，要严格吸纳高学历的人才，从根本上提升综合档案馆工作人员的专业素质，优化综合档案馆实现智库功能的知识结构，以便更好地促进综合档案馆实现智库功能，为需求群体生产出高质量智库成果。

综合档案馆的专业性得到落实，智库功能建设的优势得到社会认可，智库成果的价值得到提高，保证了综合档案馆具有一定的社会影响力，有利于综合档案馆吸纳社会一流专业人才加入专业技术团队之中，进而激发并完善人才选拔的竞争机制。

（2）打造学科互通，专业多样化的人才团队。综合档案馆智库功能的实现需要具备跨学科的知识结构、跨领域的实践经验和跨国土的国际视角共同搭建。这种纵横交错的矩阵结构有利于打造出档案信息资源互通的模式，促进综合档案馆内工作人员为开发智库成果贡献思想和智慧。通过多学科、多领域、多视角的专业人员和基层工作人员相互协作，达到一种良好的研究氛围。纵观国际知名的智库人才团队，都拥有一定比例的专业人员配置，它直接影响着专业人才进入团队后所产生的最大价值，关系着综合档案馆智库功能建设目标的达成。因此，笔者认为，综合档案馆理想化的人才团队一般由智库成果开发人员、科研辅助人员和基层工作人员组成。

第一，智库成果开发人员。

从专业角度出发，综合档案馆内智库成果开发人员一般要超过机构工作人员总数的三分之二，以确保团队的高素质要求和专业能力需求。综合档案馆智库功能的实现是用来出决策、出思想和出声音的，优质的专业技术团队是智库功能实现的必备要素。

从个人角度出发，综合档案馆智库功能建设要想快速落实并取得领先发展，综合档案馆研究人员应具备高度的活力、创新精神和快速学习能力，以确保其整体构成具备对新技术、新理念的敏锐度和适应力。确保综合档案馆生产智库成果的现代化。

第二，科研辅助人员。科研辅助人员一般指的是从事科研研究人员的秘书、助理。综合档案馆基于专业分工的视角，主要以档案学专业、计算机专业为主，为实现智库功能提供一些辅助性工作，确保拥有综合的研究视角，为需求群体提供多元化的高效服务。科研辅助人员的作用多是结合综合的专业技术，做到专人专用，更加注重基础性的工作和项目分配，提高综合档案馆在服务流程中实现效率最大化，为智库功能建设提供研究人员的需求支持。

第三，基层工作人员。基层工作人员的存在是确保综合档案馆内部稳定运行的关键所在。基层工作人员保证了综合档案馆实现智库功能整个流程的运行，他们具备综合的知识和能力，维护机构的正常运行。同时，综合档案馆想要更好地打造学科互通、服务体系多样化的人才团队，基层工作人员和智库成果研究人员之间的交流是必不可少的。综合档案馆应该积极发挥自身优势，充分发挥"旋转门"[①]机制，让行业内部工作人员在政府决策者、研究人员和基层服务人员之间来回切换，融合新的视角的同时增强服务思想意识，吸纳更多理论知识和实践经验来完善综合档案馆智库功能的建设，更进一步提升档案信息资源储备价值，生产更多被社会认可的智库成果。

可见，不论是专业突出的研究人员、专人专用的科研辅助人员还是基层工作人员，都是不可小觑的能量，都是综合档案馆想要实现智库功能不可缺少的部分。所以，要对这些人才进行合理地搭配和规划，使得综合档案馆能够顺利实现智库功能。

（3）优化人才团队资源，提升智库影响力。我国需要大力完善人才的培训制度，优化人才团队，不断提升综合档案馆在社会舆论上的影响力，培育出一批高质量的智库研究人员，得到社会认同。

第一，完善人才培训制度。培训制度是一种具有明确目的，可以进行知识传递、技能传递、标准传递的制度，同时也是提高工作人员能力的重要手段。综合档案馆要不断完善对人才培训的制度，加强对人才的培养和储备。人才资源团队的培训制度主要还是要结合实践经验，所谓没有调查研究就没有发言权，综合档案馆内部工作人员要积极地吸引、聚合这些具备实践经验的专业人才，优化管理内部的人才资源配置，打造多领域、跨学科的综合型人才资源团队。综合档案馆更要鼓励智库成果研究人员更好地为实现智库功能贡献一份力量，为推进综合档案馆的智库功能实现提供全面的智力支持。

第二，提升对需求群体的影响力。影响力是智库的生命线，是一种权力的象征，是可以借助一些手段来改变决策的。随着信息化时代的到来，综合档案馆要想提高社会影响力，可以借助一些社会媒介将智库研究人员生产出的智库成果进行广泛传播和推广，通过电视、广播、微信推送、微博等网络平台不断发表智库研究人员的政策性观点。综合档案馆应积极对自身智库功能实现的优势进行宣传，主动搭建政府和社会交流沟通的桥梁，提高面对政策分析问题时的敏感度和

---

① "旋转门"：个人在公共部门和私人部门之间双向转换角色、穿梭交叉为利益集团牟利的机制。

影响力，影响舆论走向。

综上所述，只有真正地优化、完善人才资源团队，才能从根本上将智库功能的实现建设成为可持续发展战略。综合档案馆智库功能实现的所有行为都要围绕优化人才资源团队，将生产出的智库成果通过媒体推广来提高综合档案馆的影响力，利用对智库成果的发布及时反映公众的声音，做政策决策的思考者，以激发国家、社会经济体系对综合档案馆生产的智库成果的需求。

3. 资源保障手段

安全是档案信息资源立足于一切活动的本质前提，保障手段一般是指由外界的环境来保证某种事物得以安全发展，并能够提供适合且能确保安全发展的条件。综合档案馆在实现智库功能的建设过程中，可以通过以下两方面保障档案信息资源安全。

（1）合理优化档案信息资源结构。档案信息资源作为支撑综合档案馆智库功能实现的主要组成部分，综合档案馆具备着无可比拟的优势。档案信息资源能够还原人类活动的真实面貌，只有确保档案信息资源的安全，合理优化档案信息资源结构，才能发挥出它在决策建议上的参考作用和凭证作用。

随着信息社会的不断发展，传统的资源利用模式和宣传服务模式已经变得陈旧。综合档案馆在传统观念下的工作流程、人员配置和服务观念都发生了变化。传统的档案信息资源利用率低、信息传递的周期较长、工作人员效率低、成本高且为需求群体提供的服务范围狭窄，使得档案信息资源的价值很难被共享。我们应积极利用信息时代给予的优势，不断优化综合档案馆内档案信息资源的共享结构，为智库功能实现提供优质的生存条件。

优化档案信息资源作为综合档案馆智库功能实现过程中的长期战略目标。从档案信息资源的专业性来看，综合档案馆为了能够促进社会各领域资源互为补充、互为推动的共享模式，应开发档案信息资源共建共享的策略，通过结合各领域间的资源共享优势，与不同的机构之间进行紧密的合作与交流，推动着智库建设的快速发展和经济支撑。综合档案馆内部智库成果研究人员要科学探索档案信息资源的共享服务路径，明确档案信息资源在智库建设体系中的服务方向，要科学系统地收集社会各领域信息资源，聚合应用价值高的信息资源。综合档案馆在智库功能建设过程中，面对实践发展中遇到的新问题，要学习并借鉴国内外著名智库机构的经验，同时也要结合自身发展能力，构建档案信息资源共享服务意识和肯定智库成果的决策价值。

（2）保障智库建设中档案信息资源的安全。档案信息资源作为智库最为宝贵的资源，可以还原人类活动的真实面貌。只有确保档案信息资源的安全，才能使资源的原始记录性得到保障，才能在智库成果的研究中发挥出它的参考作用和凭证作用。可见，安全尤为重要。

第一，确保档案信息资源载体的安全。纵观古今，档案载体有纸张、磁带、光盘、胶带、磁盘等。原始的储存方法是构建出符合档案库房建设标准的贮存场所，并且要严格控制一定的温度、湿度，以保证档案在储存和利用过程中不受外界物理因素的影响。随着信息化时代的到来，档案的存放大多不再需要物质载体，而是通过磁盘、光盘、云盘的方式进行存储，节省了大量的空间。与此同时，数字档案在产生、存储、处理、传输、利用和转化过程中，为需求群体提供便利的同时，也增加了综合档案馆在管理系统上的安全隐患，例如技术的漏洞、黑客的攻击、非法侵入等情况的出现，对档案信息资源的拦截、恶意篡改或丢失，都会使得档案信息资源的真实性和凭证作用受到了质疑，从而会降低智库成果的社会影响力和利用价值。可见，安全保障备受瞩目。

综合档案馆要想实现智库功能，为需求群体生产出更多的智库成果，档案信息资源的安全性变得格外重要。为确保信息化时代对档案信息资源安全性，要保证计算机系统中每一个经过传输的物理位置和逻辑节点都确保其完整、可用，并不断完善档案信息资源的安全体系。目前，可保障档案信息安全的技术有物理安全技术有防火、防雷、防水、防震等；网络系统安全技术有防火墙技术、代理服务技术、数字签名技术、数字加密技术等。为确保档案信息安全得到保障，首先要对档案信息保障工作的重要性进行推广，在社会各界中树立正确的行为意识和价值观，加强推广档案信息安全的政策法规和管理方法；其次，由专业的机关部门的专家去制订详细的长期规划，从整体到局部，既制定为确保档案信息安全的总方针和大局观，也要制定地方标准，术业有专攻，重点去解决主要问题，不断针对档案信息资源的利用领域不同，去寻求出一种最具效果的技术保障，保障综合档案馆在智库建设过程中档案信息资源的安全。

第二，确保档案信息内容的安全。明确没有绝对的安全，只有相对的安全。尤其是对档案信息内容的保护，只有做到相对安全，综合档案馆开发智库功能才能最大限度地得到社会认可，才能够为更多的智库成果需求群体服务。各行各业都要有行政内部的政策法规建设。所谓行业内部的政策法规，指的是由国际组织、国家机关、行业组织等权威机构来保障和规范行业内部发展的各种法律、规定、准则和方法等。综合档案馆为确保档案信息内容的安全，需要强化行业内部的政策法规，作为实现智库功能建设的保障。

随着信息化时代的到来，政策法规需要不断健全完善，推进综合档案馆智库功能实现落在实处，强化档案法规体系相配套的辅助性的法规落实，为档案信息内容提供具体的行为规范和有力保证。首先，综合档案馆要规范行政权力的行为，使权力行为变得透明，制定的政策法规变得透明，使行业内部的每个工作人员都能够明确自身的权力，并学会如何去使用权力，提升影响力，获得智库成果需求群体的认可和信赖；其次，建立政策法规的责任追究制度，对影响和阻碍档案信息内容安全的行为都及时纠正和制止，对严重影响档案信息内容真实性和损害自身利益的行为坚决追究法律责任，优化综合档案馆智库功能实现的过程中内部管理的工作氛围。

第三节 档案社会化服务及价值取向

档案社会化服务是指档案部门在提供服务时，以社会公众需求为导向，以公共利益的最大化为目标，通过提高档案服务质量和效率、降低服务成本，最大限度地满足社会公众的需求，实现社会效益和经济效益的最佳双赢。

一、档案社会化服务的功能与原则

（一）档案社会化服务的功能

档案社会化服务的功能是指档案社会化服务所发挥的有利作用，即档案社会化服务的效能，它以档案社会化服务的内容范围和形式作为依据。具体功能主要有以下内容。

1.代理功能

档案社会化服务机构接受有关机关、企事业单位的委托，代为处理档案管理工作，包括代为处理档案实体规范化整理、档案实体数字化加工、档案销毁等工作，以帮助这些单位提高档案管理水平、降低档案管理成本。

（1）档案整理服务。档案整理服务指档案社会化服务机构按照一定原则对客户形成的档案实体进行补充收集、系统分类、组合、排列、编号和基本编目，使之有序化的服务过程。

（2）档案数字化服务。档案数字化服务指档案社会化服务机构利用扫描仪、数码相机等数码设备对客户的实体档案进行数字化加工，将其转化为存储在磁带、磁盘、光盘等载体上并能被计算机识别的数字图像或数字文本的服务过程。

（3）档案销毁服务。档案销毁服务指档案社会化服务机构帮助客户对档案价值进行鉴定、对需要销毁的档案按照相关要求和程序进行销毁的服务过程。

2.寄存功能

"服务是档案工作永恒的主题，开展档案寄存是扩展服务领域，创新档案工作的有益尝试，是档案工作服务经济，服务民生的具体表现。无论从社会需求的角度，还是档案工作自身发展的角度，开展此项工作都是非常及时必要的。"[①]

档案社会化服务机构可以向档案库房面积不足或库房条件不好的单位提供档案保管所需的库房、设备、装具，对所保管的档案文件进行日常维护、安全防护，并按规定开展有限范围的提供利用。在不改变档案所有权和处置权的前提下，有关单位可以将档案委托给档案社会服务机构保管，这种具备档案保管外包服务能力和条件的企业法人，受委托方（法人及自然人）委托，对档案进行保管及相关服务的民事行为，又称"档案寄存和代保管服务"。档案寄存服务一方面可以节约有关单位的档案存储成本，另一方面可以改善档案保管条件。

3.驻点服务功能

档案社会服务机构根据客户需求，向客户派送能够胜任工作的员工，进驻客户单位，帮助开展档案管理各项工作。驻点服务按照时间长短可分为短期驻

① 田婷婷. 对开展档案寄存工作的探讨 [J]. 档案天地，2013（12）：42.

点（1年以下）和长期驻点（1年和1年以上），其优势是便于与客户单位建立密切联系和长期合作关系，便于了解文件的来龙去脉，从而有效地开展档案管理工作。

4. 咨询设计功能

咨询设计功能指档案社会化服务机构可以借助专业化人才、知识和技术，根据客户需求，提供专业法律咨询和技术设计。专业法律咨询主要是提供宏观层面的档案法律法规，以及微观层面的档案工作规范、制度、标准等方面的信息咨询；技术设计是针对客户的具体需求，提供文件档案管理各业务环节的具体设计，包括文控系统设计、文件档案管理一体化方案设计、档案管理体系设计、档案管理制度设计、档案库房建设设计、档案信息资源开发设计、档案管理小软件开发等。

5. 监理功能

档案社会化服务机构在一定的条件下，可以在档案管理服务外包中充当第三方机构（独立的非政府机构），为客户提供中介、咨询、招标、监理及其他服务，或对有关中介服务机构的资质或服务能力进行评价、认证。档案社会化服务机构在提供监理服务的过程中需要秉承独立、公正、真实的原则，采用科学方法对服务过程中的主体进行评价，客观反映实际情况。

（二）档案社会化服务的原则

档案社会化服务功能的实现需要遵循相应的原则，这些原则不能凭空提出，要立足档案社会化服务的特征进行分析。档案社会化服务具有服务性、专业性、社会性、商业性和保密性特征，这些特征为分析档案社会化服务原则提供了基本思路。服务性规定了客户至上原则、专业性规定了问题导向原则、社会性规定了务实调研原则、商业性规定了有效高效原则、保密性规定了安全保密原则。

1. 客户至上原则

档案社会化服务归根结底是一种面向客户的服务。客户至上原则就是要以客户为中心，以客户满意度为目标，诚信服务，最大限度地满足客户需求。为此，应做到以下三点。

（1）明确客户需求。不仅要明确客户的显性需求，还要明确隐性需求或潜在需求，为此需要与客户进行沟通与协商，深入进行业务调研和分析。

（2）树立服务客户理念。档案社会化服务机构要树立以客户为中心的思想，并把这种思想融入企业文化建设中、贯穿服务全过程中，坚持把优质服务作为最高目标，培养员工良好的服务意识；还要学习借鉴其他服务行业践行服务客户理念的具体做法。

（3）建立客户服务机制。档案服务机构应建立和完善相应的制度，采取相应的措施，如开展客户满意度测评、建立与客户满意度挂钩的奖惩激励机制等，确保服务围绕客户需求进行，并对非客户至上的行为进行调整或约束。

2. 务实调研原则

档案社会化服务的社会性要求在档案社会化服务过程中坚持务实调研原则。档案社会化服务的对象千差万别、各有特点，为此档案社会化服务机构在为客户设计档案管理体系、制定档案管理制度、规范、标准等过程中需要采取务实态度，要深入客户单位进行调研，明确操作的共性和特性，提供令客户满意的产品。

3. 问题导向原则

档案工作是具有极强专业性的工作，需要利用专业的知识技能完成工作任务。因此，档案社会化服务机构在提供服务时，要以专业问题为导向，研究问题并寻找解决问题的答案，在需求—解决问题—再需求—再解决问题的不断循环中满足市场需求，并提升自身服务水平。

4. 有效高效原则

有效高效原则就是档案社会化服务过程中要讲效率和效益。档案社会化服务具有商业性，它在满足客户需求的同时追求盈利最大化。有效原则就是要做正确的事，追求好的效果、结果，努力向客户提供令客户满意的优质产品和服务；高效原则就是要以最小的投入（包括人、财、物、时间等资源）获得最大的产出（有效成果）。为此，开展档案社会化服务时要进行成本核算，并不断完善业务流程、改进工作方式和方法、运用先进的工具和设备等，提高工作效率。

二、档案社会化服务的价值取向

价值取向具有普遍性的特征，它贯穿人类认识世界和改造世界的各种实践活动之中，包括政治、经济、文化活动等。价值取向不仅对个体活动中的价值选择产生影响，对社会共同体的活动也有重要的导向作用。档案是一种社会记忆，必然具有公共信息的属性和公共产品特征，应该是全民所有、社会共享。基于这一认识，实现社会化服务为使命首要的任务就是要把握好其价值取向。

价值取向对社会实践活动具有重要的影响。因此，如何确立科学、合理的价值取向，引导社会实践活动的正确发展，显得极其重要。根据价值取向的一般定义，档案社会化服务的价值取向是指社会主体基于档案价值观念、社会化价值观念、服务价值观念，在进行档案专业性、社会化服务过程中所表现出的稳定趋向。

档案价值观念就是人们在档案社会化服务专业领域内所持的信念、信仰，具体说来，就是档案社会化服务既要符合档案基本价值取向，又要结合其自身特色，探索其专业发展的新取向。社会化价值观念即档案社会化服务在面向社会提供服务过程中体现在社会层面的理想价值系统，它理应对社会各方面产生积极有益的影响。服务价值观念是指档案社会化服务作为新兴服务行业，其科学发展要遵循服务业基本规律和档案服务的特殊规律。

信息时代的到来，政府机关、企事业单位甚至个人都要面对档案信息的大量增长，如何安全、有效地对档案进行管理和利用逐渐引起社会各界的重视。在信息化背景下，档案社会化服务作为新兴产业，必须找准自己的市场定位，敏锐捕捉市场需求，才能实现科学的价值取向。

第四节　档案移动服务的创新思考

互联网时代，我国档案信息服务重点是开展档案网站建设。移动互联网的发展及智能手机的普及，为我国移动档案信息服务实现"弯道超车"提供了契机。

一、档案移动服务的主要模式

（一）短信服务

短信是最早出现的公共移动服务的模式，是在手机普及之初的基本信息传输方式，在早期受各信息服务机构的青睐。随着移动互联技术的进一步发展及移动网络的速度进一步提升，许多应用都相继推出能够替代短信的功能模块，但时至今日短信依然无法被替代，因其本身是每部手机的内置功能，且应用范围更广，技术手段要求更低，并且短信的接收方式决定了它不受设备状态的影响，即便关机或欠费，在设备状态正常后都能收到短信，能够保证重要服务信息的接收及存储。

档案移动服务的短信模式最早源于数字档案馆的建设过程之中，档案短信服务主要有信息定制与推送两种形式，分别采取交互式和下行式服务。信息定制是指档案用户基于移动智能终端以既定的信息指令号码向档案馆发送服务请求，服务内容完全取决于用户信息偏好和需要。

（二）WAP 服务

WAP 是一种无限应用协议，于 1998 年初公布，具备开放性和全球性，能够使手机等移动通信设备与因特网或其他业务之间进行通信。它以智能信息传递的方式在移动智能终端实现互联网及更高级别数据业务的引入和交互操作，本质上是向移动智能终端提供互联网信息服务及增值服务的协议标准。WAP 是简化版的网站服务，它能将移动终端技术同 Internet 技术结合起来，为手机用户提供良好的上网体验。

比对手机短信服务，WAP 对于用户的接入环境有着更高的要求，但随着 5G 的上线运营，宽带速率等问题已经逐步解决，通过 WAP 提供移动档案服务已经进入成熟发展的阶段。

（三）微信公众号服务

微信公众平台能够给个人、企业和组织提供业务服务，同时提升用户管理能力。微信公众号是通过微信公众平台进行申请所得的应用账户，账号所有者可以通过公众号向外界发布文字图片视频，还可以内置导航栏进行功能性的服务，或是智能客服进行智能回复。

2013年，许多政府机构进驻微信平台，开启政务微信元年。随着档案移动服务的进一步发展，档案局（馆）也开始通过微信公众号向社会各界提供档案服务，并通过公众号推送大量档案相关文章，提升社会档案的关注度。微信公众号管理便利，且对公众号的下载、更新等操作都不收取任何费用，成本低廉，是档案机构推广和扩展档案业务的主要服务模式。

二、档案移动服务的创新思路

（一）建设档案移动服务平台

2019年3月5日，国家档案局发布《档案移动服务平台建设指南》。该指南能够促进不同地区、等级的档案机构进行平台建设并为其安全建设提供规范保障，促进档案移动服务能力的提升。

1.建设资源共享功能

（1）馆际资源共享通道的打造，馆际资源共享能够扩充本馆资源，更好满足用户在档案移动服务平台中利用档案资源的体验；还能够通过不同馆际资源共享，满足偏远或贫困地区档案机构的用档需求，从一定程度上解决区域间档案数字资源分配不均的问题，缩小"数字鸿沟"。

（2）个人及第三方提供的档案资源，传统的方式包括捐赠、购买等，如通过移动服务平台开通的共享功能进行捐赠和购买，将进一步提升档案资源整合的效率，打破区域时间的限制，降低资源整合的成本。

2.创新档案移动服务理念

除功能建设之外，还要创新档案移动服务的理念，使得档案移动服务更加开放，将协同合作的理念引入档案移动服务平台的建设之中。在场馆建设方面，图书馆和博物馆在移动技术和场馆服务理念方面，超前于档案馆，因此，在档案移动服务平台的建设过程中，应当吸取其他公共文化机构的经验，如聚合内容服务、增强实景服务在场馆展览等领域的应用。同博物馆、图书馆、美术馆等公共文化机构开展移动服务的合作交流，共同建设服务平台；与此同时，还可以与社会第三方的文化机构开展合作，拓展和优化档案移动服务平台建设，实现档案移动服务的多元化和社会化。

（二）打造个性化服务模式

档案移动服务的模式同其他公共文化机构相似，即泛在性的无针对性的服务模式，这是因其本身的公共服务性质，又因档案馆同其他机构不同，部分档案具有机密性。随着档案移动服务的发展，单一的模式已经不能满足需求，因此，需要进行服务模式上的创新。

如果将档案机构提供的服务视为产品，具有需求的公众视为用户，那么用户的需求不可能是千篇一律的，因此，档案移动服务就应该根据用户的需求，进行用户种类的划分，打造个性化的服务模式。

档案移动服务相比传统的档案服务借助的设备及技术更为先进，因此，进行个性化区分更为简便。如可以对使用档案微信公众号或App（应用程序）的用户需求进行大数据的采集，并建立数据库，通过大数据分析进行需求分化，精准定位，对用户进行合理的划分，在用户下一次的使用中，有针对性地提供档案移动服务，提升用户体验的同时，可以培养忠实的档案移动服务用户。

（三）加强宣传推广

搭建档案移动服务平台，创新服务模式是提升档案移动服务水平的前提，如果要扩大用户的范围，使更多人享受到档案移动服务提供的便利，还需要进行充分的宣传和推广。随着社交媒体的进一步发展，继微信、微博成为档案机构常用的提供服务和推广信息的平台之后，短视频平台成为档案机构提供档案移动服务、进行宣传推广的新型媒介。

短视频平台相较于微信、微博，对于档案内容的宣传推广更具备优越性，因短视频平台算法的特殊性，内置个性化数据的计算并依据订阅和浏览进行推送，档案机构可以将三方作以链接，以高关注度的一方为基点，提升其他服务端的关注度；除此之外，因为社交媒体及短视频平台都包含国际版本，可以将档案数字资源推广至国际平台，使得档案移动服务用户群体更加多元，提升我国档案移动服务的影响力。针对目前档案移动服务宣传力度不够的问题，档案机构应该善用社交媒体及其他宣传平台，借助档案微信公众号的发展优势，联动微博、抖音，利用全媒体平台对档案移动服务进行宣传。

第五章 档案管理的分类探索与效能提升

第一节 文书档案管理及创新途径

一、文书档案管理的收集工作

（一）文件的收集

1.文件收集的实施主体

文件收集主要指一个单位的各部门、处室对本部门日常工作活动中形成的文件材料积累和集中的过程。文件收集的主要责任人是文件形成和承办的部门、处室，各部门、处室负责人对本部门文件材料收集负有领导责任，兼职档案人员对本部门文件材料收集负有具体责任，各项业务、活动的经办人员对各自经办业务、活动中文件材料的形成、积累同时负有具体责任。

2.文件收集的工作依据

各部门、处室文件收集的工作依据是文件材料归档范围，应注意把握两方面。

（1）收集的内容，即哪些文件材料是本部门、处室应当收集归档的，哪些文件材料不必收集归档，本部门按照职能分工起草、印发的文件，以及各项管理、活动中形成的文件材料和领导有关批示应当是本部门文件材料收集的重点，而下级单位、兄弟部门抄送的或者提供参阅的材料可不收集，收集范围中要特别注意账外文件和联合发文。账外文件是指未经文书部门收发登记或无文号的文件，例如会议材料、本部门编制的统计表、调研材料、分析材料，编印的简报或新闻媒体的相关报道材料。联合发文中，尤其是其他单位主办、本单位协办会签的文件，须特别注意不要漏归。

（2）收集的形式，即收集归档的文书类、管理类文件材料既要包括纸质材料，也要包括其他载体形式的材料，避免有所偏废，如会议材料，既有会议通知、名单、议程等纸质文件，也有会议照片、讲话录音、录像或其他视频材料，甚至还有实物，如表彰大会就可能会形成奖牌、证书，这些文件、材料是会议筹办、举办过程中形成的不可分割的一个整体。因此，凡是属于文书类、管理类归档范围的文件材料，要从内容和形式两方面做到应收尽收。

3. 文件收集的准备工作

文件收集的准备工作包括两方面：一是业务方面；二是物质方面。

（1）业务上的准备。为确保本部门、处室文件材料收集不缺、不漏，兼职档案人员应当根据本部门工作计划，将归档范围细化到具体文件材料，即编制一张"归档类目表"，进一步明确文件材料收集的具体内容，为今后文件分类打下基础。"归档类目表"应当每年结合部门重点工作，在上一年度的基础上进行适当调整。

（2）物质上的准备

第一，设置一个专门存放文件材料的柜子，指派兼职档案人员专人使用该柜子以确保文件的有序管理和安全存放。这种专人专柜的方式能够有效防止文件的混乱和丢失，保障档案管理的规范性和系统性。

第二，准备若干个硬面可竖立的文件盒，并在文件盒脊背上标明当年应收集归档的范围条目。这些条目应包括会议材料、活动材料、科研项目材料、业务工作材料、行政审批工作材料、培训工作材料及调研材料等类别。通过将收集到的文件材料分别存放于对应的文件盒内，可以实现文件的分类管理和快速查找。不属于收集范围的文件或资料应单独准备一个文件盒存放，避免干扰正常文件的归档管理。所有文件盒依次排列在文件柜中，以便于备查和调阅。

第三，准备一本文件材料登记簿，用以登记当年收集的文件材料。兼职档案人员应及时了解和跟踪正在流转尚未办理完毕的收、发文及外出开会带回的材料，做好催办和清退工作。此外，所有收集到的其他文件材料也应逐一登记，以确保归档工作的完整性和准确性。另外，由于归档工作一般在次年开展，兼职档案人员需要跨年度保管收集到的文件材料。在此期间，部门负责人或业务经办人员有时需要调阅文件材料参考。为了确保已经收集到的文件材料不散失、不遗失，兼职档案人员应对文件材料的去向进行详细记录、签收和催退工作。这不仅保障了文件材料的安全性，也提高了档案管理的效率和可靠性。

（二）档案的收集

档案收集的实施包括两个层面：一是档案室的收集；二是档案馆的收集。

1.档案室的收集

（1）档案室收集档案的工作依据。档案室开展档案收集主要指一个单位形成的各类文件材料向档案室归档的过程，因此，档案室收集档案的工作依据即本单位制定的归档制度。

（2）档案室收集档案的程序。主要程序包括：组织编制或修订文件材料归档范围、文书档案保管期限表和归档类目表，制订本年度归档工作计划并组织实施本单位文件材料归档工作，指导各部门、处室兼职档案人员立卷（组件）、整理，检查各部门、处室拟归档案卷（文件）质量，办理归档手续等。

第一，组织修订或编制文件材料归档范围、文书档案保管期限表和当年归档类目表是确保文件管理工作系统性和规范性的重要环节。此举不仅有助于明确各类文件材料的归档标准，还能为档案管理提供清晰的操作指引，确保档案工作有章可循。

第二，制订本年度归档工作计划并组织实施。这一计划应当详细列明年度归档工作的责任分工、具体要求、归档时间和归档手续等内容。对于责任交叉的事项，应特别予以明确。例如与其他单位联合印发的文件材料，由主办部门负责收集归档，且须区分主办与协办单位的文件原件和复印件；联合开展工作的文件材料，可由主办部门或最后办理部门负责收集归档；行政审批文件材料则由主办业务部门或负责行政审批的部门收集归档；重大活动及重大项目文件材料由相应的专人负责收集归档。档案室应科学合理地安排各部门、处室的归档时间表，优先安排综合部门、重点业务部门或文件材料数量较少的部门，以确保归档工作的有序进行。

在归档工作方案制定完成后，档案室应在各部门、处室负责人会议上布置当年的归档工作任务，并发放书面通知以明确归档工作要求。年度归档工作完成后，档案室应通过适当方式通报各部门、处室的归档案卷（文件）质量、归档时间等情况，并将其作为年终考核的一部分，以促进各部门对归档工作的重视和执行。

第三，指导兼职档案人员开展文件材料的收集和整理工作是确保归档工作质量的关键。由于各部门、处室的兼职档案人员经常轮换，档案室每年应对其进行业务培训，明确文件材料的收集和整理要求，确保所有兼职档案人员能够掌握基本业务操作。对新进兼职档案人员，档案室应要求其先行整理若干卷（件）文件材料，符合要求后再进行全面整理，以避免大量返工；对于有困难的兼职档案新人，档案室应派人进行一对一指导，从而确保文件材料的收集和整理工作达到预期标准。

第四，检查拟归档案卷（文件）质量。年度归档期限临近时，档案室应当到各部门、处室办公场所查看文件材料收集、整理情况，对有质量问题的案卷（文件）提出整改要求。检查时重点关注归档案卷（文件）的齐全性、完整性、系统性和规范性。

2. 档案馆的收集

（1）档案馆收集档案的工作依据。档案馆开展档案收集工作，必须遵循相关规定，编制档案馆收集档案范围细则（简称"细则"）和档案馆接收档案单位（部门）及档案主要门类一览表（简称"一览表"），与档案馆收集档案范围细则编制工作方案（简称"工作方案"）一并报上级档案行政管理部门审核后实施。

（2）档案馆收集档案的程序。主要包括：制定档案馆收集档案范围并报上级档案行政管理部门审核，适时修订档案馆收集档案范围并报上级档案行政管理部门备案，制订接收档案计划和具体接收细节，通知移交单位，对拟移交进馆的档案进行价值鉴定并指导移交单位按照进馆要求开展档案整理，对整理完毕的档案开展进馆前检查，办理档案移交进馆手续等。

（3）档案馆制定和修订收集档案范围应注意的问题。

第一，保持一致性。一致性包括两方面：①"细则""一览表""工作方案"应与档案馆全宗管理、档案分类方案以及日常收集工作实际保持一致，避免审批通过后难以实施；②"细则""一览表""工作方案"三个材料反映的具体内容要保持一致，避免收集档案门类、移交单位（部门）名单、收集工作程序各不相同。

第二，严格审批程序。各级各类档案馆的收集档案范围应当报上级档案行政管理部门审核同意后施行。施行过程中如有调整，应适时修订，并向负责审批的档案行政管理部门备案。

（4）移交单位向档案馆移交档案时应当注意的问题。

第一，列入国家档案馆接收档案范围的单位应当依法依规移交档案。此类单位负有向相关国家档案馆移交档案的义务，必须按照相关法律法规、规章和国家规范性文件以及国家标准、行业标准确立的整理规范和档案质量要求进行移交。对于拒绝移交档案且情节严重的情况，须依照档案法律法规对负有领导责任的领导人员和直接责任人进行行政处分，以确保档案移交的合法性和合规性。

第二，移交单位应当将列入档案馆收集范围的所有档案一并移交至档案馆。移交单位的档案作为一个不可分割的整体，必须全部移交，不得擅自减少移交档案的门类和数量，或擅自拖延移交时间。任何以只移交文书档案而不移交专门或业务档案，或以尚未整理完毕为由拒绝移交档案的行为都是不可接受的。

第三，向市、区县国家综合档案馆提前或延期移交档案应当履行相关行政审批手续。提前或延期移交档案必须符合档案法律法规规定的条件。移交单位须向同级档案行政管理部门提出行政审批申请，经档案行政管理部门检查并同意后，相关档案馆方可提前接收或延长档案移交期限。这一程序确保了档案移交工作的规范性和合法性，同时也保障了档案管理的有序性。

第四，移交档案应当服从档案馆的计划和安排。档案馆在接收档案时须综合考虑基础设施建设、档案整理、档案保管、档案鉴定开放和档案公布利用等多方面因素。因此，档案馆的接收工作是有计划、有步骤、分批进行的。移交单位接到档案移交进馆的通知后，应当服从档案馆的工作计划和安排，尽早进行谋划和准备，以确保档案移交工作的顺利进行和档案管理的高效运转。

二、文书档案管理的分类工作

档案的分类，就是将立档单位所形成的档案，按照档案的来源、时间、内容和形式等方面的联系，分成若干层次和类别，构成有机的体系。具体包括分类方法的选择、分类方案的编制、档案的归类和排列等内容。

（一）基本分类法

档案分类法，又称档案分类标准，是档案馆（室）划分所藏档案类别的依据和方法。在档案整理过程中，为真实反映立档单位的历史面貌，需要以客观性、逻辑性和实用性为基本要求，按照标准一致、概念明确、界限分明、层次得当的标准，根据档案的来源、形成时间、内容和形式等特征，对全宗内档案进行区分和归类，主要有以下基本方法。

1. 年度分类法

年度分类法，就是根据文件形成和处理的年度对全宗内档案进行分类。每一年设一类，年度即类名。由于年度分类法简便易行，因而成为最常见、运用最广泛的一种分类方法。

（1）年度分类法的优点。

第一，按年度分类，符合档案形成的特点。一个单位一个年度内形成的文件之间有着密切的联系，通过年度分类，将全宗内的档案按其形成的自然或专业年度加以区分，使每一年度的档案相对集中，可以反映出一个单位每年工作的特点和逐年发展变化的情况，可以较好地维护和再现立档单位活动和档案形成的历史过程。

第二，按年度分类，可以同现行机关的文书处理制度相吻合。文书处理制度要求以年度为单位对文件进行整理和移交，从而使文件一年一归档，一年一个类，类目设置标准清楚、明确。

（2）年度分类法的档案归类。采用年度分类法进行分类，必须根据文件所属年度归入相应的类内，确定文件的准确日期是关键。一般而言，文件的形成年度就是所属的年度，发文和内部文件应按制发日期归类；指示、命令等指令性文件按签署日期归类；法规性文件一般以批准、生效日期归类；收文以收到日期或公布日期为依据归类等。但有些文件存在几个属于不同年度的日期，归入哪一个年度档案，就需要具体分析，分别处理。

跨年度的一般应以文件签发日期为准；对于计划、总结、预算、统计报表、表彰先进以及法规性文件等内容涉及不同年度的文件，统一按文件签发日期判定所属年度；跨年度形成的会议文件归入闭幕年；跨年度办理的文件归入办结年；当形成年度无法考证时，年度为其归档年度，并在附注项加以说明。

2. 组织机构分类法

组织机构分类法也是常见的一种分类法。组织机构分类法就是根据立档单位的内设机构设类和归类，即将全宗内的档案按文件形成或承办的部门来分类，一个机构设置一个类，机构名称就是类名。

（1）组织机构分类法的优点。采用组织机构分类法，能保持全宗内文件在来源方面的固有联系，客观地反映立档单位的历史面貌；同时由于每个机构都承担某方面的职能和任务，按组织机构分类在一定程度上集中反映了某一方面工作内容的文件，便于按照一定的专题查找和利用档案，特别是对于现行文件，归档前由各个机构分别保存整理，每个机构每年向档案室归档时，就自然构成一类，方法简单，标准客观，便于掌控。

（2）组织机构分类法的适用条件。组织机构分类法虽然有很多优点，但也并非每个立档单位都适用，采用组织机构分类法，要求立档单位的内设机构相对稳定，不经常变动或变动不大，对于历史档案或积存文件，必须能看清文件的形成或承办机构。

（3）组织机构分类法的要求。

第一，确定分类层次。大多数单位在按组织机构分类时，只要分到第一层即可。

第二，确定类别排序。各类的次序可按照单位内设机构固有的排序规定或习惯上的顺序来排列。一般是领导机构、综合性机构（办公室）排在最前面，再依次排列各业务部门和后勤部门等；同时，也可以按党政工团的顺序排列。只要组织机构排列顺序确定，就应保持一定的稳定性，不宜轻易变动。

第三，文件的归类。如果文件涉及几个机构，应当有统一规定，以便将文件合理地归入相应的类别，以利于查找利用。采用组织机构分类法，原则上哪个机构起草的文件就归入哪个机构的类中。对某些需要联合办理的文件，应将主要承办者确定为文件的形成者。如分辨不出主办部门，则将文件归入最后办理完毕的部门。综合性和全局性的文件，一般由综合管理部门如办公室等起草或办理并归档。但如果某些具体业务涉及综合性或全局性文件，则也归入综合性管理部门。

3. 问题分类法

问题分类法就是按照文件内容所说明的问题对全宗内档案文件划分类别。

（1）问题分类法的优点。按问题分类，符合文件形成时的特点和规律，采用问题分类法，可以避免或减少同类问题文件分散的现象，能使内容性质相近的文件汇集在一起，便于按专题查找和利用档案。特别是由于按问题设类可以不受内设机构的限制，机关的中心任务和主要活动可以单独设类，从而能够比较突出地反映一个单位职能活动的主要面貌。

（2）问题分类法的适用条件。问题分类法一般适用于以下情况。

第一，立档单位内设机构不稳定，变动较大且又较为复杂，不宜按组织机构分类，而适用于按问题分类。

第二，各个机构的文件由于某种原因被打乱而混杂在一起，难以按组织机构分类，从而只能按照问题分类。

第三，在选用了组织机构作为第一或第二级的分类法后，由于类内档案数量较多，确实有必要细分，这时就可以结合采用问题分类标准。

由于档案的内容相当复杂，各个单位的活动也在不断地发生变化，所以，在编制档案分类方案时，一般只将问题分类法运用于类目的第二或第三级，只有在不便于按组织机构分类时，才可以考虑在第一级选用问题分类法。

（3）问题分类法中类目的设置要求。采用问题分类法时，最重要的是如何设置类目。由于人们的认识水平不一，类目的设置会有很大差别，造成分类不准确。如何准确地确定类别，基本要求如下。

第一，从实际情况出发设置类目。类目的设置，应该符合立档单位及其档案的实际情况，根据立档单位的职责和任务，抓住档案内容中最基本的问题设置类别。在实际工作中，大多参照本单位内部组织机构的基本职能来设置类别，例如将党委、工会、共青团等机构形成的文件划为"党群类"，业务部门形成的文件划为"业务类"，行政后勤部门形成的归档文件划为"行政类"等，从而如实地反映立档单位的主要面貌。

第二，类目体系力求简明，合乎逻辑。类目设置的多少应根据全宗内档案数量而定，要求类目概念明确，层次分明。类名要概括性强，容易掌握，每一级类和类之间应并列，不能彼此包含或交叉。比如在同一级内设了教育类，就不能再设成人教育类；同时，上位类和下位类的层次要分明，不能颠倒或混淆。

（4）把握档案的主要内容，有规律地归类。按问题分类时，经常会遇到有的档案内容涉及几个类目，既可归入Ａ类，又可归入Ｂ类，这就需要在总结经验研究规律的基础上，制定出本单位适用的统一归类规则，以避免因分类人员不同而造成的归类不一现象，也可在一定程度上保持工作的连续性。

（二）复式分类法

在档案的实际分类过程中，只采用单一结构分类法的情况是比较少见的，一般是两种方法结合使用，实行二级分类。通常按照年度与组织机构或问题进行联合分类，构成四种复式分类法：年度—组织机构分类法、组织机构—年度分类法、年度—问题分类法、问题—年度分类法。

1. 年度—组织机构分类法

年度—组织机构分类法即以年度为第一级类目，组织机构为第二级类目。具体做法是：先将全宗内的文件按年度分开，在每个年度下再按组织机构分类。这种分类方法适用于内设机构虽有变化但变化不复杂的立档单位，特别适合于现行单位。采用这种分类方法，可与文书部门每年的归档工作相结合，从而确保分类的正常进行；同时，便于库房的排架，同一年度形成的文件按机构排序依次上架，不必预留空位，也避免了倒架，库房管理非常方便。

2. 组织机构—年度分类法

组织机构—年度分类法即以组织机构为一级类目，年度为第二级类目。具体做法是：先将全宗内的文件按立档单位的内部组织机构分开，在每个机构下再按档案形成的年度加以区分。

组织机构—年度分类法适用于内设机构比较稳定的立档单位，一般多用于撤销单位和历史档案。现行单位尽量不要采用这种分类法，因为现行单位每年都有新的档案产生，采用这种方法，在档案排架时就必须留空位，而预留空位的多少不容易掌握，一旦遇到机构变动，对分类和排列都会产生很大影响。

3. 年度—问题分类法

年度—问题分类法即以年度为一级类目，问题为二级类目。具体做法是：先将全宗内的文件按年度分开，在每个年度下再按相关问题加以区分。这种分类法与第一种基本相同，也适用于现行单位，但只有在无法按组织机构分类时才采用，如组织机构变化复杂，分工不明确，或是内设机构非常简单甚至没有内设机构的情况下，可以考虑采用这种分类法。

4.问题—年度分类法

以问题为一级类目，年度为二级类目。具体做法是：先将全宗内的档案文件按问题分开，在每个问题下再按年度分类。这种分类法与第二种方法类似，也适用于历史档案和撤销单位档案的整理，一般不适用于现行单位。

以上四种分类方法是较为常见的复式分类法，各单位既要严格按照国家的有关要求，又要根据本单位档案的形成特点，选择合适的分类方法。一次分类只能采用一种分类标准，不能同时采用两种以上的分类标准。另外，由于档案经分类后还要继续整理，因此，分类的层级不能太多。选择哪两种方法进行二级分类，须根据立档单位的情况、全宗的构成状况等，针对不同的全宗分类别对待。例如内设机构固定的全宗通常采用年度—组织机构分类法；内设机构变化复杂、分工不明确或数量很少的全宗适合采用年度—问题分类法；撤销单位的全宗和历史档案可采用组织机构—年度分类法或问题—年度分类法，而现行单位因为内设机构存在一定变数，一般不宜采用组织机构—年度分类法或问题—年度分类法。

三、文书档案管理的整理工作

（一）归档前文件材料的整理

一般来讲，一个单位形成的文件材料在归档前的整理工作由各部门、处室的兼职档案人员承担，即通常所说的"文书处理部门立卷（或组件）"。

1.以"卷"为保管单位进行文件整理

以"卷"为保管单位的文件整理步骤包括归档文件分类、立卷、排列卷内文件、编制页号、填写卷内文件目录及备考表和案卷封面、装订、排列归档案卷和编制案卷目录等。

（1）归档文件分类。按照年度、组织机构、问题、保管期限、载体形式等将归档文件材料进行细分归类。文件分类工作应当在平时的文件收集工作中开展，也可在文件整理时集中开展。

第一，年度。文件的落款年度，要特别注意区分跨年度文件。

第二，组织机构。以单位名义召开的会议材料，归入办公室或秘书处等综合部门，业务部门起草但以单位名义的发文一般按照谁主办、谁立卷的原则分类。另外，要注意本单位和上、下级之间的工作联系，本单位的请示与上级的批复、批示，下级的请示与本单位的批复、批示应当放在一起归类；上级对本单位的指示、通知、通报等，应当和本单位执行情况一起归类；普发性的文件或同级机关、同级单位制发的文件先判断是否属于本单位归档范围（是否需要贯彻执行），如是，再按上述原则归类。

第三，问题。一个问题、一项工作、一个案件、一次会议、一个业务活动形成的文件应当一起归类；一份文件的正本和定稿、正件和附件、请示与批复、转发文和被转发文、多种文字形成的同一份文件，必须放在一起归类。

第四，保管期限。不是同一保管期限的归档文件，即使同属一个年度、一个机构、一个问题、一个事由，也不能归入一个类目，这是便于归档后档案保管、利用和鉴定工作，明确档案流向。

第五，载体形式。属于文书类或管理类归档范围的音像材料及音视频材料即使与纸质文件同属一个类目，也不能混合整理，应当按照载体形式分别整理。

（2）立卷。文件的组合称为立卷。一般来说，不是一个类的文件不能组成一个案卷，组合后的每个案卷应当问题单一、类别鲜明、年度不混、保管期限准确。传统的立卷主要采取"六个特征"方法，即作者特征、问题特征、名称特征、时间特征、通信者特征、地区特征，将具有共同特征、联系密切的文件组成一卷。但"六个特征"立卷法，存在割裂文件之间固有联系的现象，在区分价值、案卷厚薄方面也具有操作难度。为避免这些问题，在实际工作中，常用的立卷方法有以下两种：

第一，结合运用"六个特征"中两个或两个以上特征的复式立卷法，保持文件之间的联系，如作者、问题、名称结合运用就比较广泛，推荐的做法是以问题为主，兼顾其他特征，区别价值，如问题结合作者，或问题结合年度。

第二，采取"一事一卷"的立小卷方法。一个问题、一项工作、一个案件、一次会议、一个业务活动形成的只要保管期限相同的文件，可单独组成一卷，有利于今后查阅利用。

（3）排列卷内文件。一个问题且一个作者组成的案卷，卷内文件按时间顺序排列；一个问题、几个作者组成的案卷，按作者—时间排列；一个作者、几个问题组成的案卷，按问题—时间排列；几个问题、几个作者组成的案卷，按问题—作者—时间排列；密不可分的文件，如请示与批复、正件与附件、转发文和被转发文、同一文件的不同稿本（定稿、修改稿）应当排在一起，注意"五前五后"，即批复、批示在前，请示、报告在后；正文在前，附件在后；转发文在前，被转发文在后；正本在前，定稿在后；结论性材料在前，依据性材料在后。

（4）编制页号。卷内文件排订后，用号码机在有文字的正面右上角、反面左上角打号。空白页无须打号，同一卷内页号不能重复，也不能漏号。

（5）填写卷内文件目录、备考表和案卷封面

第一，填写卷内文件目录。卷内文件目录包括顺序号、文号、责任者、题名、日期、页号及备注等项目。卷内文件目录置于卷首，便于查阅和统计，也是编制其他检索工具的基础。具体填写方法如下：

顺序号，应逐件登记并连续编号。

文号，指文件编号，无文号的可不填。

责任者，即文件作者，可写作者全称或规范简称，几个责任者都应同时标出。

题名，应当照录原文件标题，无标题或标题内容不完整的可自拟或补充，自拟的标题以"[]"表示，补充的内容用"（）"表示，例如办公会议一年中召开很多次，应补充会议日期和主要内容以示区别，所以应为"办公会议记录（20140405召开职工运动会）"。

日期，须以连续八位阿拉伯数字表示，如"20141220"，中间不加"/""""或"-"。

页号，为每份文件第一页所在的页号，卷内最后一份文件应填写起止页号。

备注，即填写有必要说明的问题，如参见号、文件密级等。

第二，填写卷内备考表。文件整理中或档案管理中发现的卷内文件的缺失、破损、移出等情况都应一一记录和补充，便于今后档案管理者和利用者了解有关情况。立卷人由兼职档案人员签名，检查人由该立卷部门负责人签名。

第三，填写案卷封面。案卷封面，有软、硬之分，但封面填写内容一致。案卷封面包括全宗名称、类目名称、案卷题名、时间、保管期限、件（页）数、归档号、档号等项目。具体填写方法如下：

全宗名称，即立档单位名称，可用全称，也可用规范简称。

类目名称，指分类方案中一级类目的名称，如"办公室"（机构），"党群工作"（问题）。

案卷题名，是案卷封面中最主要的项目，要求简明扼要、表述准确、结构完整。题名一般由作者、问题（事由）、文种三部分组成，文字一般不得超过50字。除会议文件外，一般不得用"××工作文件材料"或"××单位来往文书"等作为题名，而应具体为"××单位关于××工作的通知、意见、通报""××单位与××单位关于××工作的来往文书"。在实际操作中，案卷题名的拟写要求立卷人熟悉案卷内文件情况，兼职档案人员如较难把握，可先用铅笔草拟标题，待部门负责人或档案室人员审核后再打印或用钢笔誊抄。

时间，填写卷内文件所述的起止年月。

保管期限，填写所确定的整卷文件的保管期限，保管期限不同的文件，在立卷时应当区分价值，分别立卷，不能随意升高或降低保管期限。

件（页）数，装订的案卷填写总页数；不装订的案卷填写本卷的总件数。

归档号，是文书立卷部门立卷时的临时编号，一般无须填写。

档号，由全宗号、目录号、案卷号组成，是归档后或进馆后由档案室或档案馆编制的一组字符形式代码。

（6）装订。采用软封面的案卷必须装订，采用硬封面的案卷可不装订，但卷内文件应当按件装订。按卷装订的，采取三孔一线左侧装订，卷内文件左、下侧对齐；按件装订的，采用左上角装订，文件左、上侧对齐。文件为表格时，装订时表头向左。文件装订前必须去除金属物，破损文件必须先修复，尺寸过大的文件应当折叠，尺寸过小的文件应当使用白纸托裱后装订。按卷装订的，一般采取线装，按件装订的，也可采用专门调制的糨糊进行粘贴，但不建议采用热熔胶等塑料材质的装订用品。一卷案卷一般不要超过200页。

（7）排列归档案卷。装订好的案卷应当系统排列，这是编制案卷目录和排列上架的前提。案卷排列一般根据分类方案排列，如分类方案为年度—机构（问题）的，可将同一机构或同一问题的案卷按照不同保管期限分别排列。

（8）编制部门归档案卷目录。归档案卷排列完毕后，各部门需要编制本部门的归档案卷目录，作为归档移交时统计和清点的凭证。归档案卷目录一式两份，归档时连同案卷一并向档案室移交。

2. 以"件"为保管单位进行文件整理

以"件"为保管单位进行整理的步骤包括归档文件组件、文件分类、排列件内文件、排列归档文件、装订、加盖归档章、编制归档文件目录等。

（1）"件"的划分（组件）。"件"不能仅仅从数量上理解为一份文件，而是指形式上固定在一起，内容上密不可分的"一件归档文件"。"件"是一个基本保管单位，无论"一件归档文件"中包含几份文件，在编制目录时仅出现一条条目。

一般来讲，正文、附件为一件；文件正本与定稿（包括法律法规等重要文件的历次修改稿）为一件；转发文与被转发文为一件；原件与复制件为一件；正本与翻译本为一件；中文本与外文本为一件；报表、名册、图册等一册（本）为一件（作为文件附件时除外）；简报、周报等材料一期为一件；会议纪要、会议记录一般一次会议为一件，会议记录一年一本的，一本为一件；来文与复文（请示与批复、报告与批示、函与复函等）一般独立成件，也可为一件；有文件处理单或发文稿纸的，文件处理单或发文稿纸与相关文件为一件。

（2）文件分类。文件分类方法与以"卷"为保管单位整理相同。

归档文件一般采用年度—机构（问题）—保管期限、年度—保管期限—机构（问题）等方法进行三级分类。规模较小或公文办理程序不适于按机构（问题）分类的立档单位，可采用年度—保管期限等方法进行二级分类。

（3）排列件内文件。件内文件的排列顺序为：正文在前，附件在后；正本在前，定稿在后；转发文在前，被转发文在后；原件在前，复制件在后；不同文字的文本，无特殊规定的，汉文文本在前，少数民族文字文本在后；中文本在前，外文本在后；来文与复文作为一件时，复文在前，来文在后；有文件处理单或发文稿纸的，文件处理单在前，收文在后，或正本在前，发文稿纸和定稿在后。发文的排列次序一般为：文件正本—发文稿纸—定稿（签发稿）—最后修改稿；来文的排列次序一般为：文件处理单—来文。

（4）排列归档文件。归档文件应该在分类方案的最低一级类目内，按时间结合事由排列。同一事由中的文件，按文件形成先后顺序排列。会议文件、统计报表等成套性文件可集中排列。

若分类方案最低一级类目为保管期限，第一步，先将归档文件按三个保管期限分开。第二步，按以下方法排列同一保管期限的归档文件：请示和批复、来文和复文各为一件时应当连续排列，批复排前，请示紧跟其后排列，复文在前，来文紧跟其后排列；一个行政审批事项形成的文件各为一件时应当连续排列，决定文件在前，申请文件、办理文件按时间顺序紧跟其后连续排列；一次会议、一次业务活动形成的文件，按照时间顺序连续排列；同一事由且式样相同的报名表、申请表，单位的可按照单位性质分类后连续排列，个人的可按照姓氏笔画顺序连续排列。

（5）装订。归档文件装订前，应对不符合要求的文件材料进行修整。对于已破损、字迹模糊或易退变的归档文件，应予以修复或复制；按保管期限要求去除易锈蚀、易氧化的金属或塑料装订用品；对于幅面过大的文件，应在不影响日后使用效果的前提下进行折叠。

归档文件一般以"件"为单位装订。归档文件装订应牢固、安全、简便，做到文件不损页、不倒页、不压字，装订后文件平整，有利于归档文件的保护和管理。

装订应尽量减少对归档文件本身的影响，原装订方式符合要求的，应维持不变。

装订方式可根据归档文件保管期限确定。为便于管理，相同保管期限的归档文件装订方式应尽量保持一致。永久保管的归档文件，宜采取线装法装订，不使用不锈钢夹或封套装订；页数较少的，使用直角装订或缝纫机轧边装订；文件较厚的，使用"三孔一线"装订。定期保管的、需要向综合档案馆移交的归档文件，装订方式按照永久保管的归档文件装订方法执行。

用于装订的材料，不能包含或产生可能损害归档文件的物质。不使用回形针、大头针、燕尾夹、热熔胶、办公胶水、装订夹条、塑料封等装订材料进行装订。

（6）加盖归档章。归档文件排列完毕后，应当在每一件归档文件首页的空白处加盖归档章，位置一般在文件上端的中间，也可盖在右上角；如文件上端无合适位置，再选择文件下端。

归档章中，全宗号、年度、保管期限、件号及页数为必备项。

一般来讲，按照机构分类的，单位档案机构应当按照永久、30年、10年三个保管期限为每个部门准备三个归档章。其中，全宗号（如有）、机构和保管期限这三项应当刻制完成，其余三项根据实际分别填写。年度由兼职档案人员加盖数字章或手填；室编件号由兼职档案人员从"1"开始，用铅笔在归档章旁边空白处预编号，一个保管期限编一个流水号；馆编件号在今后档案移交进馆时填写，无进馆任务的单位可留空。

（7）编制部门归档文件目录。一个部门、处室归档文件目录一般按照永久、30年、10年三个保管期限编三本。归档文件目录宜横式排列，一式两份，归档时连同归档文件一并向档案室移交。编制归档文件目录方法为：归档文件目录设置序号、档号、文号、责任者、题名、日期、密级、页数、备注等项目。

（二）归档后档案的整理

各部门、处室将整理完毕的案卷（或文件材料）向档案室归档移交后，档案室应对案卷（或文件材料）进行统一整理编号，具体步骤为：排列、编号、编制案卷（或归档文件）目录、装盒。

1. 以"卷"为保管单位整理的案卷排列与编目

（1）排列案卷。排列案卷就是按照一定规则，将案卷按系统整理要求，排列成有机联系的整体。通常情况下，《文件材料归档范围和档案保管期限表》中归档条款即可作为案卷排列顺序的依据。当然，还可结合案卷的保管期限、机构、问题、时间和重要程度等因素排列。

（2）编制案卷目录。案卷目录就是案卷名册，它是将经过系统排列、编号的案卷，按题名等某些特征依次登记到案卷目录上。其作用体现在：固定全宗内档案的分类体系和案卷的排列顺序；作为档案室必备的检索工具及今后移交进馆的依据之一，概括介绍档案的内容和成分；是档案登记的基本形式，成为对案卷进行统计和检查的重要依据。

档案室在各部门、处室完成归档移交后，应当统一编制本单位的档案案卷（或归档文件）目录。一般来讲，案卷（或归档文件）目录编制完成，就标志着一个单位上一年度文件和档案的整理工作基本完成。

第一，案卷目录的类型。案卷目录必须按全宗编制。案卷目录的类型有两种：一种是以全宗为单位编制的综合目录；另一种是以分类方案中的一级类目为单位编制的分类目录。在实际工作中，大多采用第二种。

编制综合目录，就是将一个全宗内的所有档案进行分类排列后，将案卷编一个顺序号。这种方法主要适用于立档单位已经撤销等不再有新的档案产生的全宗。

编制分类目录，就是依照所采用的档案分类方案，按照其中的第一层次标准，即年度、组织机构、问题或保管期限等，分别编制目录。同时，案卷的编号也按每个类分别从"1"开始。

第二，案卷目录的编制方法。案卷目录编制主要有以下方法：

以年度为分类方案一级类目编制案卷目录。立档单位案卷数量较多，一般一年编制一本案卷目录，案卷编号以年度为单位，每本案卷目录内统一从"1"开始编号；若立档单位案卷数量不多，则可若干年编制一本案卷目录，案卷编号为大流水号。一本案卷目录内案卷数量一般控制在四位数以内。

以组织机构或问题为一级类目编制案卷目录。有多少个内设机构或问题，就编制几本案卷目录。案卷的编号也是以机构或问题为单位，每本案卷目录内统一从"1"开始编号。

以保管期限为一级类目编制案卷目录。将案卷按照所划定的永久、30年、10年三种保管期限，分别编制三本案卷目录。同样，在每本案卷目录内统一从"1"开始编制案卷号。

案卷目录编制完毕后，应复制一式数份，供日常管理使用。档案室向档案馆移交档案时，应当按照进馆要求重新编制案卷目录，与档案同时移交。

第三，案卷目录的结构和内容。案卷目录一般应包括以下部分。

封面和扉页：主要项目有全宗号、档案馆（室）编的案卷目录号、目录名称、保管期限、编制单位和编制时间等。

目次：一般应写明目录内案卷分类排列顺序、类目的名称及起止页码，也可包括案卷的起止号。

案卷目录表：这是案卷目录的主体，主要是将案卷封面上的主要内容以表格形式逐个登记，具体登记的项目包括：①案卷号，依案卷编号顺序填入，用来固定案卷在案卷目录内的顺序，案卷的排列顺序应与编号顺序完全一致，案卷号一般分档案室编和档案馆编两栏，先由档案室填入相应栏内，移交给档案馆后，如有改变填入"档案馆编"栏内；②案卷题名，应与案卷封面上的标题完全一致；③年度，该案卷内档案文件的起止年度；④页数，卷内文件实际页数或件数；⑤

期限，即所确定的该案卷的保管期限；⑥备注，用以说明个别案卷需要说明的有关问题，如卷内文件的质量情况，是否存在破损或霉变及案卷的移出、卷内文件数量增减、案卷的销毁等变化情况。

备考表：一般附于案卷目录的最后。主要说明该目录的基本情况，如目录内案卷总数、目录的编制时间、编制者。

（3）编制档号。档号是档案馆（室）在整理和管理档案实体的过程中，以字符形式赋予档案的一组代码。它是存取档案的标记，具有统计和检索的作用。

第一，档号的结构。档号一般由四个层次所构成，即全宗号、案卷目录号、案卷号、件或页（张）号。档号的结构分为三种：①全宗号—案卷目录号—案卷号—件或页（张）号。这种结构主要适用于档案馆（室）对文书档案的编号。②全宗号—类别号—案卷号—件或页（张）号。这种结构主要适用于档案馆（室）对各类档案的编号。③类别号—项目号—案卷号—件或页（张）号。这种结构主要适用于专业档案馆、档案室对科技档案的编号。

第二，档号编制原则。档号应按唯一性、合理性、稳定性、扩充性和简单性等原则进行编制。唯一性原则是指档案馆（室）内档号应指代单一，不同编号对象应赋予不同代码，一个代码只表示一个编号对象。合理性原则是指档号结构必须与馆藏档案的整理分类体系相适应。稳定性原则是指档号一经确定，一般不应随意改变。扩充性原则是指档号必须留有适当的递增容量，以便适应不断扩充档案的需要。简单性原则是指档号力求简短明了，以便减少代码差错，节省存储空间，提高工作效率。

第三，档号编制方法。各个档案馆一般都保存有少至若干个多至数百个全宗，为了便于对全宗的管理，必须给每个全宗编一个固定号码。而对于档案室来讲，大多只保管一个全宗，一般不用编制全宗号，除非档案馆已事先指定。

全宗号一般是用四位代码标识，其中第一位用汉语拼音字母表示全宗属性，后三位用阿拉伯数字表示某一属类全宗的顺序号。

在一个档案馆内，全宗属类代码不应重复，全宗属类单一的档案馆可以"0"作为属类代码。而全宗顺序号编制方法很多，适用的有两种：①大流水编号法，又称顺序流水编号法，即档案馆对馆藏所有的全宗按其进馆时间先后顺序编制的代号。如第一个进馆的全宗号为"1"号，第二个进馆的全宗编号为"2"，以此类推。这种方法简便明了，而且全宗号可以直接反映各个全宗的进馆先后顺序，便于管理。②分类流水编号法，各级地方综合性档案馆一般都保存着三部分档案，即中华人民共和国成立后档案、革命历史档案、旧政权档案。按照国家档案局规定的通行多年的档案馆全宗卡片报送制度，全宗类型就是采用了这种习惯的划分方法，编码使用了"建""革""旧"三个字。因此，在编制全宗号时，应按规定将馆藏所有全宗划分为用这三个字表示三种不同的属类，在每属类下，再按全宗进馆先后顺序编号。

案卷目录号是全宗内案卷所属目录的代码，以三位阿拉伯数字标识。应根据全宗内档案整理状况设置，可按不同时间、不同组织机构、不同保管期限、不同专题或不同载体形态设置案卷目录号。每一案卷目录所含案卷数量一般以三位数为宜，即案卷目录内案卷数量不足1000卷时，一般不另立案卷目录，亦不另编目录号；案卷数量超过1000卷时，一般另立案卷目录，并另编目录号。一个全宗内的案卷目录号不应有重复。

类别号是由汉字、汉语拼音字母或阿拉伯数字组成的代码标识。不同级位的类别之间可用间隔符"."分开。不产生误解时，可省略间隔符。类别号一般不应超过三级。

项目号为引用有关管理部门编制的项目代号。

案卷号即案卷排列的顺序号。案卷号是档案管理中最常用的基本代号。当案卷确定了排列次序后，必须对案卷按一定方法进行编号，并依次登记到案卷目录上去。案卷号表明了某一案卷在案卷目录中的具体次序。案卷在档案柜架上的排列次序必须与案卷目录内的顺序号完全一致。

不装订的案卷，卷内文件必须单件装订后编件号，装订的卷内文件件号用阿拉伯数字标识。件号前必须同时列写案卷号及其以前各号。卷内文件按排列次序流水编号，不应有空号。

页（张）号用阿拉伯数字标识。卷内文件各页（张）按排列次序流水编号，不应有空号出现。凡是有文字的页面就必须编页（张）号。

2. 以"件"为保管单位整理的归档文件排列与编目

（1）排列档案室归档文件。档案室归档文件的排列可按以下五个步骤。

第一，区分年度和保管期限。无论是以"问题"还是以"机构"为最低一级类目的，首先都要将同一年度中不同保管期限的归档文件分别排列成永久、30

年、10年三部分，确保不将不同年度和不同保管期限的归档文件混排。

第二，"同一问题"或"同一机构"的归档文件集中排列。在第一步的基础上，将同一保管期限的归档文件按照"同一问题"或"同一机构"集中排列。例如一个单位2013年度形成的凡是涉及"党群工作"的永久保管的归档文件集中排列在一起；2013年度"办公室"形成的永久保管的归档文件集中排列在一起。

第三，排列"同一问题"或"同一机构"下不同事由的归档文件。在上一步的基础上，"同一问题"或"同一机构"下不同事由的归档文件可按照事由办结时间的先后顺序排列，也可按事由的重要程度排列。例如"党群工作"中，可按党群工作的计划、实施、总结等工作程序排列不同事由的归档文件，也可按照年度重点工作、重要工作、常规性工作等排列。"办公室"形成的归档文件，可以最后办结时间的先后排列不同事由的归档文件，也可根据事由的重要程度，将本单位印发的政策性文件、制订的中长期规划、举办的重要活动形成的归档文件排在前面，将其他的归档文件排在后面。

第四，排列同一事由的归档文件。同一事由的归档文件可按形成时间的先后顺序排列，形成日期早的排在前面，形成日期晚的排在后面；也可以按同一事由归档文件的重要程度排列，相对重要的文件排前，其他文件排后。例如"某某会议文件材料"，可按会议筹办、召开、闭幕后的后续工作的顺序依次排列归档文件，清晰反映会议筹办、举办的脉络和历史面貌；也可将会议的决议、决定、议程、领导讲话稿等重要文件材料排在前面，其他请示、简报等过程性、依据性文件材料排在后面，突出反映会议的成果。

第五，串联合并归档文件。将以上四步排列完成的归档文件按"问题"的排列顺序（如党群、行政、业务……），或按"机构"设置顺序（如办公室、综合处、业务处、教育处……）将所有归档文件进行合并串联。

（2）编制档案室归档文件目录。档案室归档文件目录，就是在部门编制归档文件目录的基础上，按照本单位档案分类方案将各部门的所有归档文件目录进行统一汇总。例如机关分类方案为年度—保管期限的，则按照永久、30年、10年三个保管期限，分别将各部门的归档文件依次排列编目，同一保管期限的归档文件按照机构设置顺序排列编目或按问题的重要程度排列，一个年度形成三本归档文件目录。案卷目录和归档文件目录应装订成册，同时编制目录封面。

（3）归档文件的编号

第一，档号。归档文件应依照分类方案和排列顺序编档号。档号结构为：全宗号—档案门类代码—年度—保管期限—机构（问题）代码—件号。其中，全宗号为档案馆给立档单位的代号。

归档文件档案门类代码由"文书"的汉语拼音字母"WS"标识，年度为文件形成年度，如"2015"。

保管期限分为永久、定期30年、定期10年，分别以"Y""D30""D10"标识。

机构（问题）代码采用三位汉语拼音字母或阿拉伯数字标识。

件号是单件归档文件在分类方案最低一级类目内的排列顺序号，用四位阿拉伯数字标识，不足四位的，前面用"0"补足。

第二，档号编制示例。如果各部门、处室的归档文件数量较少，分类方案为年度—保管期限的，室编件号就在分类方案中最低一级类目"保管期限"内编制。档案室应分别将每个部门的永久件、30年件、10年件串联排列成"三条辫子"。同一保管期限内按照本单位内设机构设置顺序或"问题"的重要程度排列，每个保管期限分别从"1"开始流水编号，一个单位一个年度形成三个流水号。这种编号方法方便一个单位一个年度档案数量的统计。

如果各部门、处室的归档文件数量较多，分类方案为年度—保管期限—机构的，室编件号就在分类方案中最低一级类目"机构"内编制。每个机构内分别编制件号，都从"1"开始流水编号。这种编号方法方便一个单位某一内设机构不同保管期限档案数量的统计。

（三）零散积存文件的具体处理

零散积存文件是指散存在部门或个人手中，未在应归档年度及时归档的漏归文件材料。零散积存文件通常被发现于人员离岗或办公场所搬迁过程中，此时，专、兼职档案人员应当给予特别关注。一旦发现零散积存文件，应在第一时间收集。档案室收到零散积存文件后，应当及时整理归档。

根据档案整理工作的基本原则，已归档案卷一般不重新整理，因此，零散积存文件原则上不做"插卷"处理。通常的做法是：区分保管期限，按照分类方案排在文件形成年度最低一级类目的最后，以"卷"为保管单位整理的，尽量按照

"一事一卷"组成薄卷；以"件"为保管单位整理的，尽量不要组成"组合件"（如请示、批复合为一件）；零散积存文件的整理情况须在备考表中注明，并在案卷目录或归档文件目录中补录，同时在全宗卷内注明，还应及时修改统计数字。在实际工作中，应当尽量避免零散积存文件现象发生，一旦发生，档案室应作为反面典型案例进行通报，以引起各部门重视。

四、文书档案管理的创新路径

单位充分利用文书档案管理为日常活动提供决策参考资料。文书档案对于单位发展有重要作用，随着国家对档案工作重视程度提升，修订《中华人民共和国档案法》后，无疑是为单位文书档案管理明确了发展目标。根据文书档案管理发展存在的历史遗留问题，应推行"四化"管理，基于文书档案管理构建科学规范的发展模式，为单位发展提供支撑，全面记录单位发展历程，推动单位长足发展。

（一）加强管理意识，提高人员素质

1. 改变传统的思想观念

在信息化发展背景下，科技的不断升级对文书档案管理提出了新的要求和挑战，这要求管理人员必须改变传统的思想观念以适应新的发展环境。文书档案管理具有较强的专业性和复杂性，其有效的管理依赖管理人员的职业素养和责任意识。为推动单位文书档案管理体系的建设，管理人员应当更新其管理理念，制定新的管理规定，并强化其责任意识。在人员选拔过程中，应重点考核其能力和责任意识，确保派遣具有高度责任心的管理人员负责文书档案管理工作，并通过持续的培训和教育，不断提升其专业知识和管理技能，以适应新时期的管理要求，从而为单位的文书档案管理工作做出积极贡献。

2. 强化管理人员综合素养

管理人员的高素养是文书档案管理工作顺利进行的基础保障。在当前新时期的发展背景下，通过专题会议、系统培训等多样化培训手段，可以有效提升管理人员的综合素养，使其能够全面理解和应对文书档案管理中的复杂问题。培训不仅是传授知识，更是培养管理人员持续学习和适应变化的意识，使其能够不断吸

收和应用先进的管理理念，促进文书档案管理的创新和进步。同时，管理人员还应通过实际操作积累经验，确保在日常管理中严格按照规定和标准执行，从而为单位文书档案管理的规范化和高效化作出贡献。

（二）建立规范化的管理体系

1.完善流程

现阶段，单位发展及业务活动都离不开文书档案管理工作。文书档案管理创新需要规范管理流程，提高管理效果。由于较多文档资料在存储过程中存在不完整和归档不及时现象，影响文书档案的管理质量。因此，应加强流程规范化建设，明确不同文件归档的具体操作要求，建立统一的归档标准。确保文书档案资料归档时，管理人员按照重要性、关联性为整理依据，编制页码对文档进行处理，确保归档目录、字号和内容都符合建档标准。同时，明确文书档案操作流程，形成规范化的管理模式，为单位其他人员借阅和查取文书资料提供方便。

2.完善制度

在文书档案创新过程中，应建立完善的制度，为档案管理工作开展提供参考依据，规范人员行为。

（1）针对不同的文书档案资料，可以开展分级管理制度，详细落实不同等级中岗位管理工作的具体内容，强化落实责任制。对高度机密的文件进行加密管理，提高管理安全等级。

（2）对于文书档案的收发、保管也应按照等级制度设置管理权限，基层管理人员想要查阅上级文档，需要出具申请，由上级领导确认方可查阅，确保相关机密文件信息安全。制度建设还应将硬件升级工作包含在内，基于信息化平台建立防御机制，有效防止系统漏洞与非法入侵。

（3）保证档案存储的安全性，对于入侵黑客能及时发出警报。系统平台应增加档案自动检测和证据链功能，防止档案资料泄露和被更改，能够在检测后自动生成报告，保证档案的真实性。

3.完善沟通机制

（1）能够从各部门收集到有价值的档案资源，为文书档案归档提供保障。

（2）强化部门之间的交流，能够促进管理规范化，减少信息孤岛现象，保证各部门有效沟通。

（3）确保管理人员掌握单位最新资料和政策，围绕档案管理思考如何搜集资料，加强文书档案管理质量。

4.完善著录标准

（1）涉及不同类型文件，以及影像和录音，是单位具备宝贵价值的无形资产。其中，著录与标引是归档保存的重要内容，对于管理人员综合素养要求极高，需要人员具备专业技术，掌握专业知识，才能保证著录归档质量。

（2）非专业人士会导致著录主题词和格式错误，影响单位人员后期查找。国家对于文书档案著录有明确规定，细致到文件编号和日期等信息，因此，需要按照规定进行编制，保证著录归档符合实际要求。

（3）对于缺乏专业性的管理人员，应聘请图书馆和档案馆的专业人士为其提供教学，开展专业培训，确保管理人员经过培训后掌握著录规则，正确进行归档操作，为单位各项工作开展提供支撑和保障。

（三）充分利用先进技术提升管理质量

在传统管理模式下，单位文书档案管理的不足已不利于单位业务的高效开展，面对社会发展的新要求，单位需要树立创新发展的理念，并培养管理人员的创新思维。

首先，利用互联网技术构建现代化文书档案管理模式是关键之一，尤其结合高新技术创新，建立有效的管理平台。这种模式不仅能够提升档案存储质量，还使得管理人员能够更便捷地进行资料查找和校对，从而为单位内部各类人员提供高效的服务支持。

其次，云端技术的应用可以实现单位业务数据的更新和存储，显著减轻了传统系统的负担。这种技术极大地促进了信息化管理模式的推广，使得文书档案管理变得更加灵活和便捷。通过云计算和大数据技术，管理人员能够系统化地分析档案资料内容，提取并分析其中的关键信息，有效预防潜在风险。

信息技术在文书档案管理中的应用不仅提高了管理效率，还推动了单位档案管理智能化的发展。电子化档案的永久保存和资源可查可验的特性，确保了文书档案的长期安全存储，并为单位内部各层级人员提供了快速查询的功能，从而显著提升了单位的内部服务质量和运营效率。

在实际应用过程中，基于文书档案管理的具体需求，推动档案数字化管理成果的有效转化显得尤为重要。通过建立一体化的数字化管理平台，结合大数据和云计算等先进技术，实现档案生命周期的全程电子化管理，能够有效支持档案的统计、收集、查询和利用等多个环节。此外，该平台支持多端口集成，可实现档案的手动和批量导入，为单位提供全方位的档案管理服务，从而进一步提升管理效能和服务水平。

第二节 科技档案管理及水平提升

一、科技档案的主要特点

科技档案（科学技术档案）是保存备查的直接记述和反映科技、生产活动的科技文件。科技档案产生于工矿企业、高等院校、科研单位和设计部门，以及建筑施工、地质、测绘、气象、水文等单位。"科技档案管理是指以科学技术档案为主体开展信息利用的一种工作形式。"[①]

第一，专业性。科技档案产生于各个不同的科技生产领域，具有各不相同的形成过程和规律，反映不同的专业性质和成果，其内容和形式有很强的专业性。

第二，成套性。科技生产活动的开展都是以一个独立的科技生产项目为对象进行的，如一个课题的研究、一个工程项目的设计和施工、一种型号产品的研发和生产、一个气象过程的观测；等等。围绕该项目的进行所形成的一系列相关的科技文件，记载和反映了该项目活动的全过程和成果，构成了一个密不可分的有机整体。

第三，现实性。其他文件归档后基本上完成了现行功能，而科技文件在归档后往往仍具有很强的现实使用性，并将在相当长的时期内继续发挥这种现行功能。

---

① 刘晓丽. 科技档案管理工作中大数据技术运用分析 [J]. 科学与信息化，2024（8）：145.

二、科技档案的管理基础：文件积累与整理

科技文件的积累、整理是科技档案管理的基础工作，对于保证科技档案的完整、准确、系统具有重要意义。科技文件的积累和整理工作，应在档案部门的指导、协助下，由科技业务部门负责承担，成为科技人员的本职工作。

（一）科技文件的积累

科技文件的积累工作，贯穿在从科技文件形成、流通到归档前的全过程，是贯穿科技生产活动始终的工作。这既是科技档案工作的需要，也是科技管理工作的要求。科技文件积累的一般方法有以下三个方面。

第一，科技人员个人积累。即科技人员个人将自己在科技生产活动中形成的科技文件自行积累。具体做法是：由部门领导或科技项目负责人下达积累工作的要求，科技人员按规定进行具体的积累工作，并将积累文件的数量、内容等进行登记，在适当的时候交由部门或科技项目组的兼职资料员统一整理立卷归档。

第二，兼职资料员积累。即在科技生产部门或科技项目组设立兼职资料员，由兼职资料员负责日常科技文件的积累和管理工作。

第三，科技档案部门积累、保管。基层科技档案部门也负责某些类型的科技文件的积累、保管工作，主要是产品或工程设计的底图、蓝图。因为，产品或工程设计的底图、蓝图，在一般情况下，数量较多，且须复制、传递，为便于管理，一般由科技档案部门暂时保管，待产品定型或工程设计完成后正式归档。

（二）科技文件的整理

归档的科技文件应经过系统整理，组成案卷。组织案卷是科技文件整理工作的核心内容，这项工作由有关的科技部门承担，科技档案部门履行监督、指导的职责。

1.科技文件的立卷

科技文件的立卷就是将一组内容上具有有机联系的、数量适度的、价值和密级基本相同的科技文件组合在一起，形成一个保管单位。保管单位的形式有卷、册、袋、盒等。科技文件的立卷工作具有很强的技术性，不同种类的科技文件应采用不同的立卷方法。

（1）依据结构立卷。即根据产品、设备的结构，按其内部的不同组成部分，将科技文件分别组成案卷。如机械产品，可按其组件、部件、零件等结构分别组成若干案卷。

（2）依据子项或子课题立卷。即根据基本建设工程的子项或科技研究课题的子课题将科技文件分别组成案卷。如某学校的基本建设工程由行政楼、教学楼、实验楼、学生宿舍、图书馆等子项构成，各子项的科技文件即可分别组成案卷。

（3）依据工序或阶段立卷。即根据科技生产活动的程序或工作过程，把反映不同程序或过程的科技文件分别组成案卷。如工艺文件可按加工的不同工序分别组成案卷，科研、设计文件可按科研、设计的不同阶段分别组成案卷。

（4）依据专业立卷。即根据科技文件内容所涉及的专业分别组成案卷。如一个机械产品的工艺文件，可按铸造、锻造、热处理、焊接、电镀、油漆等不同专业分别组成案卷。

（5）依据问题立卷。即根据科技文件反映的不同问题分别组成案卷。如某项综合调查或考察、某个专业讨论会，可按调查或考察、讨论中的不同问题将科技文件分别组成案卷。

（6）依据名称或文件性质立卷。即根据科技文件的不同名称或不同性质分别组成案卷。如设计任务书、计算书、说明书、工程预算或决算、学位论文等可按名称分别组成案卷，或将科技文件按不同性质如原始基础性文件、中间过程性文件、成果性文件分别组成案卷。

（7）依据地域立卷。即根据科技文件所反映或形成的地域特征分别组成案卷。如地质勘探文件、地形测量文件和水文、气象观测等文件等均可按地域组成不同案卷。

（8）依据时间立卷。即根据科技文件所反映或形成的时间特征分别组成案卷。如自然现象观测活动中形成的文件，可按不同时间分别组成案卷。

（9）依据作者立卷。即根据科技文件形成的不同作者分别组成案卷。如将不同专家形成的考察报告、论文、专著手稿等分别组成案卷。

2. 卷内科技文件的排列

卷内科技文件的系统排列也是组织案卷的一项工作内容，其目的是更好地保持和正确反映卷内科技文件之间的有机联系，便于日后的管理和查找利用。

（1）依据科技文件目录或编号顺序排列。科技文件中的图样通常在制作过程中会被赋予独特的图纸编号或者收录在图样目录中，这些编号或目录反映了图样在实际使用中的合理排列次序。因此，按照目录或编号排列的方法对图样进行整理和管理，具有直观性和实用性，能够有效地帮助用户快速定位和检索所需图样。

对于那些缺乏目录或编号的图样，不同类型的图样可以采用不同的排列原则。例如在机械产品图样管理中，可以按照图样的隶属关系来排列。具体来说，总图与其所包含的组件图、部件图、零件图可以按一定的顺序排列，以便查找和使用。对于按组件立卷的图样归档方式，可以按组件图、各部件图及其所属零件图依次排列，以确保整体结构的完整性和逻辑性。

在基本建设工程的图样管理中，常按照总体和局部的关系进行排列。例如总体布置图、系统图、平面图、立面图、剖面图、大样图等按照其在项目设计中的层次和关联性进行有序排列，以便工程师和设计师根据需求查阅和参考。其他类型的图样，如地形测绘图、测量图、地质勘探图、地震观测图、自然现象观测图等，也都可以根据各自的特点和数据特征，采用相应的排列方式。例如，地形测绘图可以按照图幅比例排列，地质勘探图可以按照地区特征或岩层分布特点排列，地震观测图可以按照观测时间顺序排列，以便后续的数据分析和科研应用。

（2）依据科技文件特征排列。卷内科技文件如果单纯是文字材料，则可按其重要程度、问题、时间、作者、地区等特征排列。按重要程度排列，就是按照科技文件的重要程度依次排列，重要的在前，次要的在后；按问题排列，就是先将科技文件按不同的问题分为若干部分，然后再按此问题与彼问题之间的逻辑关系进行前后排列；按时间排列，就是按照科技文件形成的时间或其内容所反应的时间进行排列；按作者排列，就是将科技文件按作者进行划分后，再结合其他特征如时间先后等进行排列；按地区排列，就是按照科技文件形成的地区或其内容所反映的地区，并结合其他特征进行排列。

（3）凡文字材料和图样混合立卷的，如果文字材料是对整个对象（如产品、工程、课题）或整个案卷（如部件、专业等）或多份图样进行的总说明，则文字在前，图样在后；如果文字材料只是对卷内某份图样进行补充或局部性说明，则图样在前，文字在后。

3. 案卷编目

案卷编目，是以案卷为对象，通过一定的形式固定案卷系统整理的成果，揭示案卷内科技文件内容与成分的工作。案卷编目的内容包括编页号、填写卷内科技文件目录和备考表、填制案卷封面和脊背标签等。

三、科技档案的分类要求及方案

（一）科技档案分类的根本要求

第一，符合档案形成专业和形成单位科技活动的性质特点。专业不同、单位类型不同，形成的档案种类、内容构成也不尽相同。例如机械、化工、纺织、冶金等系统形成的科技档案差别较大；一个专业系统内部不同类型的单位之间，因为分工不同，科技活动不同，档案也存在较大差异。因此，在进行分类时，必须针对科技档案形成的实际情况，选择适宜的分类方法。

第二，在一个单位内部或一个专业系统内部，同一层次的科技档案分类标准应当一致。科技档案的分类是根据某种特性、特征或关系而划分类别的。由于科技档案存在多种特性和特征，如时间、内容、地域等特征，结构关系、工作程序、专业性质等联系，因此，分类标准是多种多样的，但是，在一个单位内部，同一层次之间只能采用一个分类标准。例如某建筑设计院对于工程设计档案可以采用按项目分类，也可以采用按专业分类。但是，在具体的分类中，就应当或者按项目分类，或者按专业分类，而不能在同一层次上既有按项目分类，又有专业分类。交替使用分类标准将导致档案整理的混乱，故必须杜绝采用不同的分类标准。

第三，分类成果应当"固化"。对于一个单位档案的分类，必须在确定类别前，对本单位的全部档案（包括科技档案）进行准确系统的研究，在划分类别后，应当保持相对固定、稳定，不要随意更改，否则将造成严重后果，如增加重复劳动、增加营运成本、降低利用效率。

（二）科技档案分类的方案编制

科技档案实体分类重点在于编制科技档案分类方案，即通过文字、数字、代号和图表来表现科技档案的类目体系及其纵向和横向的关系。借助于这个分类方案，可以使本单位科技档案的归属脉络清晰，一目了然，能掌握一个单位科技档案的基本情况。分类方案的编制应与本单位科技文件的分类方法协调一致。

1. 科技档案分类方案的编制规则

（1）分类方案类目体系的可包容性。分类方案应能包容全部内容，使每一种科技档案、每一份科技文件都能够在分类方案的类目体系中找到自己应有的位置。同时，分类方案还要预测本单位在一定时期内科技档案的发展情况。

（2）分类方案类目体系的严整性。分类方案类目体系的纵向关系开展和横向类目排列应符合分类规则。分类方案的类目体系是由各大类和各级属类构成的反映类目之间关系的分类系统，体现了一种层次关系，它表现在纵向和横向两个方面。

从纵向来讲，类目体系表示大类，以及由其逐级展开的各级属类之间的从属关系，类似于总体和部分的关系。例如，科技档案的一个大类包含若干较小的类，一个较小的类又包含更多更小的类，以此类推。

从横向来讲，类目体系表示各级同位类之间的关系，并用平行排列的方式表述同位类之间的并列关系。同位类既有大类间的同位类，也有属类（包括各级属类）间的同位类。

（3）分类方案类目体系的相对稳定性。在一个单位内部，科技档案分类方案必须保持长期的相对稳定性，不宜经常地或频繁地更改分类方法和分类体系。

（4）科技档案分类方案的结构严谨性。科技档案分类方案的结构包括分类表、说明、代号和索引。

2. 科技档案分类方案的编制步骤

（1）划分大类，确定类别。根据科技档案的基本种类设一级类目，有多少种科技档案，就设多少个一级类目。如生产、设备、基建、科研、产品等一级类目的设置。国家档案局曾制定了《工业企业档案分类试行规则》（以下简称《分类规则》），对工业企业档案的一级类目设置作出了规定。对一般生产型企业来讲，可以基本按照《分类规则》的类目套用；对非生产型企业，则应根据自身形成档案的内容和性质设一级类目，如商业企业可设业务类等。

（2）划分属类，形成类系。在每个大类中，根据科技档案的内容构成和形成特点，按照已确定的分类标准和形成特点，设置相应的上位类和下位类（属类、小类），形成不同类别层次，构成一个完整体系。

（3）确定类别排序。大类之间不是随意排列的，应突出科技档案的主体。例如在工厂，产品档案是主体；在设计单位，设计档案是主体；在地质部门，地质档案是主体。应把反映主体的科技档案放在大类之首。

（4）明确代字、代号。给每个类目一个固定的类目代字或代号，用英文字母或阿拉伯数字。

（5）制成文件或图表。把由类列和类系组成的类目体系用方案叙述方式或图表表达方式表达出来，形成完整的科技档案分类方案。

（6）撰写分类方案的编制说明。编制说明即指出编制的依据、分类标准、类目代字和代号的使用方法等。

四、科技档案的提供利用

科技档案的提供利用，是指科技档案部门采用多种有效的方式，直接提供科技档案及其信息加工材料，及时、准确地满足利用者的需求。科技档案提供利用的方式如下。

第一，借阅。开展科技档案借阅，是科技档案部门提供利用的基本方式，包括内部借阅和外部借阅两种形式。内部借阅是指本单位科技人员借阅档案，其借阅方式有阅览和借出两种。外部借阅是指在某些特殊情况下，外单位因工作需要可暂时外借，但这种外借应有严格的制度规定并办理相关手续。

第二，复制供应。复制供应是指以晒印蓝图、静电复印件、缩微胶卷（片）等复制材料为利用者提供利用服务。它是科技档案提供利用的一种重要形式，包括对内复制供应和对外复制供应两种。

第三，科技咨询。科技咨询是指科技档案部门以科技档案为依据，通过综合、分析，研究科技档案信息，为利用者解答有关科技档案状况或有关科学技术内容的一种服务方式。

第四，陈列展览。陈列展览是指把科技档案中的一部分，按照一定的专题予以陈列展出，让科技人员自行阅览，获取其所需科技档案信息。

第五，信息交流。信息交流是指科技档案部门通过印发目录和编辑出版编研成果，报道和交流科技信息。

五、科技档案管理水平的提升

（一）加强信息化管理，引入二维码

二维码技术在科技档案管理中的应用研究尚处于起步阶段。一方面，相关配套技术还有待完善；另一方面，二维码技术在科技档案中的应用范围还有待深入分析。二维码技术在科技档案管理中最为直观的应用便是对档案的存储与读取。目前，二维码技术主要应用于电子档案管理。在此过程中，首先要考虑存取格式，由于二维码在生成后便无法进行修改，其间可将档案存取格式转化为长期存取格式，以避免非长期存储格式造成的信息流失；其次，要考虑档案信息的安全性及信息共享可行性。由于我国目前的档案管理系统相对而言较为复杂，再加上科技档案本身的特殊性，在二维码技术应用过程中需要制定一套规范性的标准体系并完善相应的管理系统，以此来加强信息化管理。

（二）加强现代化人才培养

随着信息科技的发展，现代化人才是各部门的紧缺资源。科技档案管理工作现代化的发展同样需要相关人才的支持。关于现代化人才培养，应做到以下两方面。

第一，进行内部培养，包括：①内部人才结构进行优化，定期开展信息化科技档案管理知识讲座，并进行定期考核；②引进新力量，为团队注入新气息，以提高工作积极性，注重对新生力量各方面素质的考核，在进行规范化管理的同时，注重团队交流，以不断优化工作方法；③注重对科技档案管理的社会宣传，吸引社会中优秀的现代化人才，以全面优化人员结构。

第二，优化人力资源管理制度，注重对人才潜在价值的开发与利用，加强各单位之间的沟通，以培养人员的创新意识。同时还要注重培养档案管理人员的素质，使其充分认识到自身的价值，并为科研生产提供更好的服务。

（三）强化材料归档管理

归档是科技文件转化为科技档案的过程，包括文件材料审查、文件材料鉴定、文件材料整理、文件材料加工。其间要确保文件能及时归档，并致力于提升档案内在质量。这就需要档案人员对工程进度有一定的了解，对文件材料的形成

日期及文件名称等相关细节进行精细化管理。同时，要制定好文件规定要求，并在归档时认真检查相关数据及常出问题的地方，如批准人签字等细节问题，确保科技档案内所记录的科技活动的真实性与完整性。同时，在对材料进行归档时，要注意记录的规范性，避免出现归档文件数据前后不一的情况出现。

（四）加强科技档案保密及集成管理

档案人员须充分认识到科技档案保密对国家安全的重要性，不断强化自身保密意识，培养自身全局意识，加强层层监督，确保档案原文件的安全。在档案保管、借阅、归还及利用过程中须做到有条不紊，并做好相关权限管理，避免重要文件泄露。同时，在进行编纂时还要注意对材料的集成管理，做到边形成边归档，并树立长远发展意识，在二次整理综合时使得档案资源信息从零散数据变为完整的具有逻辑的档案资料。

（五）创新档案资料收集方法

在收集档案资料时，要化被动为主动，养成随时收集的习惯；在工作中发挥主观能动性，充分利用现代化科学技术收集资料以完善材料信息；要加强对归档复印件的管理，可暂时收集可供利用的复印件进行归档，待收集到原件后再进行替换，以确保档案资料的完整性及可利用价值。同时，还要加强档案编研工作，以满足各类人员对档案编研成果的应用需求。

科技档案管理对科技发展、社会进步等都具有重要意义。因此，须充分认识到科技档案管理中存在的文件归档管理制度不完善、资料收集与整理缺乏创新和规范化等系列问题，同时针对时代对科技档案管理提出的要求，以及人员、资金支持、管理制度与理念对科技档案管理的制约采取相应措施。在人员上须重视专业性及道德素质培养，在制度上要结合国家相关要求及科技档案应用方向加强信息化技术融入，并做好相关保密措施。在资料收集与归档上，要具备全局意识，注重材料集成管理，明确归档流程，以全面提升科技档案管理水平。

第三节　人事档案管理与精细化改革

一、人事档案的特点与种类

人事档案是在干部工作、人事管理活动中直接形成的，记载和反映个人学习、工作经历及德、能、勤、绩、廉等内容的文件材料。

人事档案属于专门档案管理范畴，具有材料来源分散、保管部门多、管理动态性、内容保密等特点。近年来，随着人事制度改革的深入，流动人员人事档案还具有人档分离等特点，造成人事档案丢失的情况时有发生。

人事档案根据干部、人事工作权限及被管理人的身份、学历、就业等情况，分干部档案、企业职工档案和流动人员人事档案三种，这些档案统称为人事档案。同一个人的人事档案管理情况会因其身份、就业情况发生变化而变化。例如原机关工作人员辞职自办企业，其人事档案由干部档案管理转变为流动人员人事档案管理。"人事档案管理工作直接影响一个工作人员的提拔和任用.任何一个单位都需要对人事档案进行科学化、规范化的管理，这不仅能对工作人员的工作情况做出正确的评价，也是提高工作效率、充分发挥工作人员能动性的基础。"[①]

二、人才档案的材料管理

（一）人事档案材料的收集

人事档案材料的形成单位不一，材料来源分散，保管单位情况复杂，因此，人事档案材料的收集工作应当从日常收集和补充收集两方面开展，充实档案内容。

1.人事档案材料的日常收集

（1）建立收集工作制度和联系人工作网络，明确工作职责，指定专人负责收集人事档案材料，对干部、企业职工、流动人员任免、考核、调动、聘用、培训、奖惩等新形成的人事档案材料及时收集归档。

（2）及时登记干部、企业职工、流动人员职务变动和工资变动情况。

---

① 李鑫炯.浅谈人事档案管理工作 [J]. 现代农村科技，2023（6）：124.

（3）定期检查档案，发现缺少材料的要及时向有关部门索取。

（4）根据工作需要布置填写履历表，做鉴定、写自传等。

2. 人事档案材料的补充收集

（1）通过个人工作过的单位的组织、人事、劳资部门收集相关材料。

（2）通过个人所在的党团组织或加入的其他组织收集党团材料或加入其他组的材料。

（3）通过参加学习的学校教学管理部门收集学籍、学历材料及在校期间的奖惩材料。

（4）通过纪检、监察、司法部门收集个人违纪违法材料。

（5）通过本人或出版部门、科技部门、新闻媒体收集重要论著、发明创造等属于个人知识产权的材料。

（二）人事档案材料的鉴别

人事档案材料的鉴别是指人事档案管理部门根据干部档案内容和要求，对拟归档的人事档案材料进行审查甄别，判定材料真伪和保存价值，确定其是否归入人事档案。它是维护人事档案材料真实性和完整性的重要手段与环节。

1. 鉴别工作具体判定的内容

（1）材料是否属于人事档案内容，重要的证件、论著等不需要单位保存的应当退还本人。

（2）材料是否准确，如是否属于同一对象的材料，是否同名异人、张冠李戴。

（3）材料是否齐全、完整，对材料来源、时间和内容分别进行鉴别，对头尾不清、来源和时间不明的材料是否查清或注明；内容中关于干部年龄、参加工作时间、学历等项目应当进行复核，与其他归档材料相关信息是否一致；成套的材料是否齐全，每份材料是否完整；鉴别时如发现缺少有关材料，应当及时进行登记并收集补充。

（4）材料是否手续完备，是否需要组织或单位盖章、本人签名。

（5）材料质量是否符合档案保管和保护的要求。

2. 经鉴别后不符合归档要求的材料处理

（1）退回。对内容需要查清、核实或手续不完备的材料应当退回有关单位，经查清、核实、补充、修正后交回归档；对非人事档案内容的材料应当退回本人或有关单位保存或处理。退回材料时应当填写材料转递单备查。

（2）留存。对于有参考价值但不属于干部档案内容的材料，可整理编目后留存于组织、人事部门作为资料。

（3）销毁。对无保存价值或重复的材料，应当履行有关手续后销毁。销毁人事档案材料必须经主管领导批准后方可进行，任何人不得擅自销毁人事档案材料。销毁人事档案材料必须到指定场所进行，并由两人负责监销。

（三）人事档案材料的整理

人事档案材料的整理是确保档案管理有序、高效进行的重要环节，根据有关规定，整理步骤包括分类、排序、编目、复制与技术加工及装订成卷等几个主要环节。

第一，分类。确保每份档案材料都能准确归属于相应的类别。这一步骤的目的是为后续的处理和利用提供清晰的档案结构和逻辑。

第二，排序。根据分类结果对档案材料进行有序排列，确保档案的整体结构和条理性。排序工作不仅是对档案材料内容的直观呈现，也是对档案管理效率的重要保障。

第三，编目。通过对每份档案材料进行详细的编目记录，包括档案编号、题名、起止日期、数量、保管期限等必要信息，以便后续的检索和管理操作。

第四，复制与技术加工。主要针对档案材料的复制和修复工作，以确保档案材料的完整性和可持续利用性。技术加工涉及档案材料的数字化处理或其他技术手段，以适应现代档案管理的需求。

第五，装订成卷。将分类、排序、编目、复制与技术加工完成后的档案材料按照规定装订成卷，以便存储、保管和使用。装订的严谨性和规范性直接影响档案材料的长期保存和管理效率。

三、人事档案的精细化改革

（一）关注精细化人事档案管理工作

只有加大对精细化人事档案管理的重视力度，才能为人事档案管理流程及制度建设提供有力的支撑，才能推进精细化人事档案管理改革的进程，切实提高人事档案管理成效。

首先，企业管理层应正确认识精细化人事档案管理对企业发展的长远影响，高度重视人事档案收集及管理工作，在企业内部营造重视人事档案管理、知人善任的管理氛围，督促相关部门规范落实人事档案管理工作，确保档案资料的完整性及真实性。如要将人事档案管理纳入系统例会工作汇报的一环，赋予其与薪酬、培训等同等的管理地位，以督促相关人员重视人事档案管理工作，及时做好人事档案管理工作总结，不断提升人事档案管理水平。

其次，要将人事档案管理作为人力资源管理部门的重要工作内容，明确相关部门相关岗位的工作职责，加大人力资源配置、人才选拔、人力资源挖掘成效的考核力度，以保障人事档案管理工作得到高效落实。

最后，还应完善人事档案管理考核及奖惩机制建设，加大对精细化人事档案管理的监督力度，及时发现并解决档案管理存在的问题。

（二）提升精细化人事档案管理规范化水平

精细化人事档案管理工作的开展离不开完善的制度建设，相关部门应完善档案管理规章制度建设，明确人事档案归档资料明细及要求，为人事归档工作的开展提供依据，以提高人事归档材料收集的完整性及存档的规范化水平。在此过程中，人事档案管理人员应做好人事档案归档审查及审核工作，及时敦促相关人员补齐归档材料，并对人事档案资料的完整性及真实性进行核查。同时还应对档案资料进行分类，标注出其中的重点内容或敏感内容，为后续人事资源管理活动的开展提供便利。为提高人事档案审查的规范化水平，相关部门应建立健全人事档案审核制度，明确人事档案审查重点及要求，并加强对人事档案审查的抽查及复核，以最大限度地保障人事档案审查质量。

例如严格审查归档材料是否完整、各细项内容真实性是否可究、档案保持时间及位置是否一致、档案维护是否及时等。此外，相关部门应完善人事档案利用转递管理制度，明确档案利用转递流程，做好档案借阅者身份核实、登记及信息更新工作，以确保人事档案的安全性。

（三）增强精细化人事档案管理数字化建设

科学技术的发展为精细化人事档案管理工作的开展提供了便利，企业应结合人事档案管理需求加强精细化人事档案管理数字化建设，建立完善的人事档案管理系统，充分应用大数据技术、人工智能技术等提高档案信息收集、分析及整理效率，通过技术手段的有效应用推进精细化人事档案管理改革发展进程。

首先，结合人事档案管理需求研发人事档案管理系统，优化人事档案管理系统模块建设，提高档案信息检索、筛选的便捷性及精确性，以更好地满足用户检索及使用需求。当然，为获取更好的数据共享、互联效果，企业还应将人力资源管理系统中与人事档案管理相关的考勤、任务指标等模块数据与人事档案管理系统连接起来，以提高人事档案信息更新工作效能。

其次，提高大数据及人工智能技术应用水平，充分应用大数据技术加强人事档案数据分析及处理，依托人工智能技术提高人事档案归类、索引、归档质量与效率，以深入挖掘人事档案信息价值，为企业人才培养及选拔工作的开展提供数据支持。

再次，积极探索人力资源管理系统，以拓宽人事档案存储形式，摆脱传统存储模式的空间限制，促进档案调取智能化发展。而且还能通过云存储技术在多地备份人事档案管理资料，这对保障人事档案信息的安全性、提高信息共享与利用效率具有重要意义。在此过程中要做好人事档案数字化转化、录入工作，以数字化转化、录入的目标为基础，明确数字化转化、录入的流程及要求，充分依靠先进的数字化录入设备规范开展数字化录入工作，以提高数字化录入的准确性。

最后，完善安全管理机制建设，充分应用区块链等先进技术加强人事档案存储平台建设，通过云加密技术对档案信息进行备份及加密处理，确保人事档案数据的私密性及不可篡改性，最大限度地保障人事档案数据的可靠性及安全性。

（四）强化精细化人事档案管理队伍建设

为更好地推进精细化人事档案管理改革，提高人事档案管理质量，企业应加强人事档案管理队伍建设，通过招聘专业的人事档案管理人员、做好人事档案管理人员培训及考核、完善人事档案管理职业晋升制度建设等提升人事档案管理整体水平。

首先，结合精细化人事档案管理需求及企业内部人才结构科学制订人事档案管理人员招聘计划，明确具体的招聘要求，加强对人事档案人员专业技能及综合素质的考核，做好人才潜力及发展潜能的评估，以提高人事档案管理人员与招聘岗位的适配性及发展性。

其次，科学制订人事档案管理人员培养及考核计划，灵活运用集中培训、业务交流、讲座、经验交流会等培训形式，为员工提供更新专业理念、技能的机会与平台，做到与时俱进，始终与企业发展同步。

最后，为更好地调动人事档案管理人员工作的积极性及创新性，企业应完善职业晋升制度建设，明确职工晋升要求及标准，通过物质、精神等层面的激励举措督促人事档案管理人员不断提升自我，积极为人事档案管理改革及质量优化贡献力量。

第四节　会计档案管理与财务共享实施

会计档案是指单位在进行会计核算等过程中接收或形成的，记录和反映单位经济业务事项的，具有保存价值的文字、图表等各种形式的会计资料，包括通过计算机等电子设备形成、传输和存储的电子会计档案。会计档案不仅是记录和反映各单位经济业务的重要史料和证据，也是国家全部档案的重要组成部分。

一、会计档案的收集

会计档案收集，是指会计管理机构将办理完毕且经过整理立卷的会计文件，定期向档案部门移交，由档案室集中统一管理。目前，会计文件归档作为一种收集制度在各个单位普遍执行。

具体归档范围是根据2016年1月1日施行的财政部、国家档案局颁布的《会计档案管理办法》所附的《企业和其他组织会计档案保管期限表》《财政总预算、行政单位、事业单位和税收会计档案保管期限表》来确定。财会部门经办的有关财会工作的方针、政策、预算、计划、制度、总结等，不属于会计材料归档范围，应当参照文书档案管理规定执行。

当年形成的会计档案，在会计年度终了后，可由单位会计管理机构临时保管一年，期满之后，应当由会计管理机构编制移交清册，按照国家档案管理的有关规定办理移交手续，由本单位档案管理机构统一保管。如因工作需要，经单位档案管理机构同意，可适当延长会计档案的移交期限，但在单位会计管理机构临时保管的时间最长不得超过三年。

会计文件归档时，会计管理机构应当编制移交清册。未设立档案机构的，应当在会计管理机构内部指定专人保管，出纳人员不得兼管会计档案。归档会计文件必须经过鉴定并划定保管期限，进行规范整理。纸质会计档案移交时应当保持原卷的封装。

向档案部门移交时，交接双方要按照移交清册所列内容逐项清点，核对无误后，由交接双方在会计档案移交清册上签名或盖章。移交清册一式两份，一份随会计档案移交档案部门保管，一份留存本部门备查。清册上要列明移交的会计档案的名称、卷号、册数、起止年度和档案编号、应保管期限和已保管期限等内容。

对于建设单位在项目建设期间形成的会计档案，应当在办理竣工财务决算后及时移交，并按规定办理交接手续。

二、会计档案的分类

会计档案以来源、时间、内容和形式特征为标准，主要有三种分类方法。

第一，会计年度—文种—保管期限分类法。这种是把一个会计年度内形成的会计档案，按其文种形式分为报表、账簿、凭证三大类，然后根据各自不同的保管期限分别排列和编号，一年编一个流水号。这种方法适用于只有一种会计类型的单位，如单位预算会计。

第二，会计年度—组织机构—保管期限分类法。这种是把一个会计年度内形成的会计档案按组织机构顺序分开，然后在每个组织机构内再按凭证、账簿、财会报告、其他会计资料的保管期限分别组成保管单位，一年编一个流水号。这种方法适用于财政部门总预算会计，它能清楚地反映会计档案形成的部门，体现一个单位会计档案的完整性，查找利用方便。

第三，会计年度—会计类型—文种—保管期限分类法。这种是把一个会计年度内的会计档案先按会计类型分开（在财政机关既有总预算会计，又有单位预算会计两种会计类型），然后将同一会计类型的会计档案，分成凭证、账簿、财会报告、其他会计资料四类，每类再按保管期限立卷。这种分类主要适用于专业性较强的各级税务机关的会计档案。

由于各个单位职能和经费来源不同，财会机构设置有所区别，它们所形成的会计档案数量有多有少，所以，每个会计单位的会计档案排列方法也不尽相同。一般说来，无论采用何种方法排列编号，只要其类属界限清楚，方便适用，就应保持相对稳定，不可随意改动。

三、会计档案的编目

会计档案经过分类、排序后，还须进行编目，使整理结果加以固化。会计档案编目主要包括编制案卷题名、卷内目录和案卷目录。案卷题名由立档单位、时间、文种等构成。除了规定账目、会计凭证外，其他会计档案应填写卷内目录。而会计档案的案卷目录一般包括案卷号、原凭证号、案卷题名、起止时间、张数、保管期限、存放位置、备注等项目。

四、会计档案的保管

归档以后的会计档案主要由档案部门负责管理。档案部门必须把会计档案作为本单位全部档案的一部分，根据档案管理的一般原则方法，并结合会计档案的特点进行科学管理，做到妥善保管，存放有序，查找方便。严格执行安全保密制度，确保会计档案的完整与安全。为做好会计档案保管工作，主要应采取以下措施。

第一，选择合适的会计档案装具，改善会计档案的保管条件。会计档案装具，包括卷皮、卷夹、卷盒，以及存放会计档案的柜、架、箱。选择卷皮、卷夹、卷盒的基本标准是规范、坚挺、适用、方便和标引统一。会计档案一般存放在普通的档案柜、架之中，由于会计档案规格大小不一，适于存放在多层的档案架上，可根据实际设计存放会计凭证的档案架，以便充分利用空间。

第二，设置会计档案登记簿，建立保管登记制度。在接收会计档案后，由档案保管人员填写登记簿，清楚地反映会计档案的保管情况，防止档案散失。

第三，编制会计档案保管标签。会计档案保管标签贴在档案架、柜、箱上，它可以使分散保存在架、柜、箱中的会计档案有统一的保管标识，方便查找。案卷及档案盒标签要贴在案卷或档案盒的脊背上。档案箱、柜的标签要贴在箱、柜的醒目处。

五、财务共享模式下的会计档案管理

（一）解决会计档案衔接问题

对于财务共享服务刚上线时存在的会计档案衔接问题，可以以某个月初为财务共享中心会计档案保管和收集期间，以某年初为财务共享中心会计档案保管和收集期间的更好，尽量避免财务共享中心从中途某一天开始进行保管和收集工作，造成企业某一个月会计核算的资料分散于不同的地方。特别是有些是电子会计档案资料，有些是纸质版会计档案资料的，如果分散到多地，更是不利于档案的管理。对于会计档案转到财务共享中心，财务共享中心可按以前凭证号进行排序编号，若财务共享中心按新的编号开始处理，可以将转过来的会计档案资料编制新旧编号对应表，因为财务共享中心业务一般都有业务申请单，也可以建立衔接期间转过来的会计档案，领附于在财务共享中心业务中某一业务申请单，特别是原始凭证和其他会计信息间要建立相应的联系；对于会计档案可能出现空档期的问题，这种情况是纸质版需要寄到财务共享中心时产生，可以在设计时尽量让分子公司寄时，就有复印件或电子资料，可以先给财务共享中心发电子资料，等纸质版资料寄到后，用来核对和保存即可，以避免这种空档期资料缺失的问题。

（二）解决会计档案存储空间问题

对于会计档案存储空间过大问题，可以在保证质量的情况下，运用适当的压缩软件来压缩扫描的图像或视频，或在定制财务共享软件平台时对软件平台供应商进行要求，能将上传的文件压缩到合适的大小，适当利用云技术，运用先进的存储架构，研究如何利用云存储来解决存储空间的问题，同时对企业工作人员进行要求，禁止上传不必要用的图像或视频，特别是一些重复的图像或视频。还有会计档案信息备份，尽量采用合理备份方式和减少不必要的备份，如不一定选择下载全部数据，可按实际需要选择备份，也是解决好会计档案存储空间占用过多的途径之一。

（三）解决会计档案存储分类问题

对于会计档案存储分类问题，目前支持多种数据存储格式，应选择国家标准归档的一种格式，并事先有个包括存储保管期限和编号规则管理等内容的存储分类方案，分门别类，构建科学有效的会计档案管理体系，标注好档案资料的相应时间及具体内容。通过平台事先设置的信息采集系统，自动识别发票、车票及其他单据，自动生成连续性编号，自动进行分类，以查找和进一步整理利用。另外，也要满足各类财务信息之间的相互关联和实时更新的要求，使其构成了一个完整严谨的会计档案管理体系；同时，也节约了会计档案管理人员大量的时间和精力。

（四）解决会计档案安全问题

要实施财务共享模式时，要充分考虑到企业的网络安全问题，要加强企业整体信息系统建设，并提高企业的会计档案系统的安全性，并加强纸质档案管理。会计档案管理人员要注重档案日常管理和维护，防止病毒和木马的侵蚀，防范档案管理中的突发和紧急情况，过滤掉档案管理中的潜在风险，如采用电子发票稍有不慎，易造成重复报销的问题，维持会计档案管理的有序进行。财务共享服务是当前企业财务管理创新的一个热点，是财务管理工作发展的一个重要趋势，很多企业已陆续开始实行财务共享服务，但这种财务管理模式毕竟属于新生事物，在发展过程中，会碰到来自财务会计档案管理在内的各个方面的管理问题，只有正视这些管理问题，逐步加以解决，才能真正发挥财务共享服务运行效果。

第六章 档案管理中的新技术应用探究

第一节 档案管理中计算机网络技术的应用

一、计算机网络技术在档案管理中的作用

（一）增强档案管理安全性

第一，制定全面的安全管理规章制度，这包括信息保密规定和应对措施。通过明确的制度规定，可以规范档案管理的各个环节，确保每个步骤都有章可循，从而减少人为操作的风险。这些规章制度应涵盖信息的采集、存储、传输、使用和销毁等所有环节，确保每一个环节都在安全控制之下。

第二，档案信息的存储和传输应采用先进的数据加密技术。数据加密可以有效防止未经授权的访问，保护信息在传输过程中的安全性。目前，常用的数据加密技术包括对称加密和非对称加密，结合数字签名技术和密钥管理，可以大幅提高信息的保密性和完整性。尤其在互联网环境下，信息在传输过程中容易遭受窃取或篡改，通过数据加密，可以确保信息即使在被截获的情况下也无法被解读，从而保障信息的安全。

第三，定期的安全审查和监控工作也是确保档案信息安全的重要措施。通过定期的审查和监控，可以及时发现潜在的安全隐患，并采取相应的措施加以应对。这不仅包括对存储设备和网络环境的安全检查，还应包括对操作人员的行为审计和权限管理。只有通过全面的监控和审查，才能确保档案信息在整个生命周期中的安全性。

第四，增强档案管理安全性还需要注重人员培训和安全意识的提升。档案管理涉及的人员应具备基本的安全知识和技能，并定期参加安全培训和演练。通过

提高人员的安全意识，可以有效防范因人为失误而导致的安全事件。同时，档案管理系统的设计和开发也应注重安全性，采用安全编码规范和安全开发流程，确保系统本身的安全性和可靠性。

（二）提升档案记录完整性

第一，互联网技术使得档案工作人员能够更加便捷地进行数据采集和核实。传统的档案记录依赖纸质文档和手工输入，容易受限于时间和空间的限制，而互联网技术则能够通过数字化手段，实现对各类信息的实时采集和整合。通过互联网平台，档案管理者可以跨越地域和时间的限制，及时获取和更新档案信息，从而有效地提升档案记录的时效性和准确性。

第二，互联网技术为电子档案的传输提供了高效便捷的通道。以校园宽带为例，档案管理单位可以利用高速网络将单位建立的电子档案传输至档案馆，实现档案信息的快速归档和备案。这种方式不仅节省了传统纸质档案的存储空间和管理成本，还大大提升了档案信息的整合和检索效率。通过互联网传输，档案信息不再局限于物理载体的局限，而是能够实现远程共享和多地备份，极大地增强了档案记录的可靠性和安全性。

第三，互联网平台的普及也为档案室收集和归档档案信息提供了便利条件。档案室可以利用互联网技术及时收集各单位的档案信息，包括档案夹名称等详细内容，通过自动化和智能化的方式进行信息归档和整理。这种操作不仅能够节约人力成本，还能够减少人为误差，提高了档案信息的归档精度和一致性。通过互联网的广泛应用，档案管理者可以实现对档案信息全生命周期的全面管控，确保每一份档案记录都能够得到及时更新和完善。

二、计算机网络技术在档案管理中的应用措施

（一）用户终端的身份认证

在身份认证与信息安全处理的过程中，则需要从身份认证路径及动态密码分析的角度，对登录数据库、信息数据处理等进行安全防护，利用用户登录认证、感应卡认证、动态密码认证等方式，对登录数据与信息等进行整合，在文件信息传输与信息处理的基础上，对登录数据的处理过程及数据存储等进行优化，在用

户资质双向认证与分析处理的基础上，提高数据统计与分析处理的综合水平。在对用户登录过程进行优化中，将密文及登录密码传输到服务器进行数据认证与统计，并对用户账户进行加密处理，服务器可以通过数据识别与分析处理，对数据存储以及信息登录过程等进行完善，提高用户身份信息认证控制的综合水平。

利用数据库管理技术对用户身份进行认证的过程中，可在用户信息检验及账户认证的基础上，提高用户身份信息的安全性及有效性。例如，利用RSA算法，对用户身份信息认证过程进行加密处理，在账户安全管理与控制的基础上，满足用户安全管理需求。用户身份认证与分析的过程中，则需要在动态数据分析与处理的基础上，对用户身份进行审定，避免出现用户信息泄露的情况出现。在用户信息安全视角下，身份认证过程中，则对加密信息进行整合后，提高身份认证的安全性。

（二）数据服务器的安全管理

服务器程序管理与分析中，则需要从系统操作及安全管理的角度进行优化，在检查网络服务器运行情况及网络参数分析的基础上，通过操作控制，提高服务器程序管控的综合发展水平。在服务程序、系统控制中，则需要通过安全加密管理，对服务器程序参数及软件安全等进行优化，在提高服务器安全管理水平方面有积极作用。服务器安全管理工作的开展，要对服务器的运行情况进行分析，并对服务器的运行参数进行控制，可提高服务器的安全管理水平。结合服务器的硬件结构，在数据安全认证及信息处理过程中，则需要对数据安全及信息整合过程等进行分析，在数据安全处理与数据管控的基础上，对数据分析过程及系统登录等进行优化，提高数据分析与处理的综合水平。

数据库加密规则是对数据库结构及数据安全加密过程进行优化，针对不同用户权限，对数据访问进行控制，在数据查询与信息分析的基础上，可在数据安全管理的视角下，解决数据分析与信息处理问题。在设置安全动态密码后，对用户登录进行保护，在对用户登录数据进行整合与分析的基础上，可对用户账号、密码等进行加密，并定期查询不同账户的登录日记，分析用户登录状态，更新业务包，利用安全管理，提高服务器的运行稳定性及有效性。从用户登录状态的角度进行分析，在业务分析与处理的过程中，则需要对服务器的整体数据安全、信息处理过程等进行优化，在数据安全管理与数据统计分析的前提下，提高服务器的数据安全。

（三）合理应用防火墙技术

服务器防火墙对于维护高校档案管理的安全具有重要意义，对互联网交流的检查和操纵及个人行为和数据档案浏览的有效应用，将导致一定的网络信息安全管理方法。其中，服务器防火墙的特点是只要被认可并符合标准的要求，就可以按照钢制防火门进行对高校档案的访问，不仅可以有效避免非法入侵，还能防止一些病毒感染进入破坏。同时，这类服务器防火墙作为综合检测，可以检测所有基于互联网的入侵，可有效避免可浏览的访问，从而确保档案信息被损坏或被盗。

整体来看，系统的作用是实现智能化解决方案，操作系统架构模式的整体作用根据需求分析报告进行（选择B/S架构模式，使用.NET语言进行完成表示层、逻辑表示层、数据存储层三层架构管理体系，设置数据库查询网络服务器、Web网络服务器、多台性能优良的大中型网络交换机及相应的服务器防火墙设备）、系统软件概念模型设计（采用MVC策略模式，完成数据库查询的逻辑结构设计方案，以及数据库查询重要表的关键设计方案，提高数据库查询使用的高效率）及各控制模块的整体设计（用户注册控制模块、档案管理控制模块、档案查看管理方法控制模块的访问、用户管理系统em控制模块，数据库查询完成等）。此外，数据归档管理对系统网络信息安全的自然环境有很高的要求。因此，必须重视网络信息安全技术的提高，确保电子计算机信息的安全。

第二节　档案管理中大数据技术的应用

大数据时代的到来，社会各行各业的发展都产生了新的变革，档案管理工作也不例外。尤其是对于企事业单位，档案管理工作的重要性不言而喻。这项工作不但保留单位以往的档案信息，而且这些信息为单位未来的发展提供的是数据参考。对于一些原始数据的整合、收集与管理，原始的档案管理方式不但耗费大量的人工及存储空间，而且对于数据的提取、分析及查找都非常困难。大数据时代，不但节省了大量的档案存储空间，而且使数据的管理更加便捷。"将大数据技术融入档案管理中，能够促使档案工作升级转型，使档案管理工作不断朝着现代化和信息化的方向发展。"①

一、大数据技术与档案管理的特点

随着信息技术的发展，大数据应运而生，这是一项新的技术形式，人们从大数据获得丰富的信息，这个信息的数量是庞大的、复杂的、全面的。几乎可以满足人们所有的信息需求。大数据技术在信息技术的支撑之下，实现了信息发布的及时性，数据处理、分析与管理的有效性。不但可以快速地处理各类问题，还可以进行快速地检索与提取。另外，其巨大的存储能力也是惊人的。

基于大数据的档案管理工作模式分析。在信息技术时代，档案管理工作也发生了巨大的变革，呈现出新的优势与特点。数据技术之下，对原有的档案信息进行录入，可以更加有效地进行管理，为后续的决策等提供数据支持，并且可以根据以往的信息分析项目进行的进程与发展趋势，这些都是传统的档案管理方式所无法比拟的。

第一，大数据技术使得企事业单位的信息库得以迅速丰富和扩展，为后续发展提供了强大的数据支持。这种数据的快速积累和增长，是信息技术不断进步的必然结果。对企事业单位而言，有效利用这些数据资源对提升档案管理质量至关重要。大数据技术通过高效的数据收集、存储和处理能力，不仅提升了档案管理的信息量和深度，还为管理者提供了更为全面的数据视角，有助于更准确地制订战略决策和规划。

第二，在大数据背景下，档案管理工作呈现出明显的多元化特征。传统的档案内容已经不再局限于纯文本形式，而是涵盖了图片、视频、音频等多种信息形式。这些多样化的档案信息类型对大数据技术的综合处理提出了新的要求和挑战。大数据技术不仅能够有效地整合和分析这些多样化的信息，还能够提供更为精细和清晰的分类方式，使得档案管理更加系统化和可控。

第三，大数据技术极大提升了档案管理工作的便捷性和效率。通过大数据平台，档案管理者可以更快速、更精准地进行数据处理和分类。大数据技术的强大搜索和查询功能，使得档案信息的提取和查找变得更加便捷和高效，大大节约了管理人员的时间成本和资源投入。此外，大数据技术还能够实现对档案信息的实

① 侯俊丽 . 大数据技术在档案管理中的应用探讨 [J]. 科技资讯，2023，21（06）：27.

时监控和分析，从而及时发现潜在的数据异常和问题，有助于采取预防性措施，保证档案信息的安全性和完整性。

二、基于大数据的档案管理实践

（一）转变档案管理思维和理念

企业需要改变传统的档案管理思维，真正意识到将档案管理工作融入大数据技术当中的重要性，提升对这项工作的重视程度，真正将档案管理工作与单位的未来发展联系起来，进行智能化管理、个性化服务。构建完善的档案管理工作体系，真正贯彻信息化管理方法的落实，便于大数据技术在档案管理当中的应用，建立起真正属于自己的数据库，从内到外进行科学的档案管理，进一步促进档案信息化管理的发展。

（二）创新档案资源采集方法

档案管理的创新在于不断适应科技发展的步伐，通过拓宽数据采集渠道来丰富档案信息资源。其中，利用网络作为数据信息的来源，具有显著的潜力。网络作为信息获取的重要平台，积累了海量的数据和文献，通过科学地筛选和分析，可以从中挖掘出对档案管理有价值的信息内容，从而丰富档案资源的广度和深度。

依托平台实现用户推送式的数据收集和整理，是档案管理创新的另一重要尝试。通过这种方式，档案管理人员可以利用用户的参与和反馈，有效地获取并整理出具有高价值的信息数据，进而进行系统化的归档和管理。这种方法不仅提升了数据的实时性和准确性，也促进了档案管理工作的智能化和用户参与度的提升。

（三）提升档案管理人员综合素养

档案管理工作要想做到与时俱进，就需要更加重视档案管理人员素质的提升，培养专业化的人才队伍，真正意识到这项工作的重要性。这样才能以专业的管理方式为单位提供有效的数据参考，从而保障后续决策的正确性。从长远发展的角度去认识这项工作的本质内容。大数据技术与传统的档案管理工作有着极其重要的差别，运用的是新的管理模式与新的管理方法，对于档案管理人员的培训工作，需要制定完善的方法及遵循一定的流程，出台不同的奖惩与激励制度，使档案管理人员能重视自身业务能力的提高，并且真正从培训中学到实用的技能，进而在档案管理工作中发挥更重要的作用。

提升档案管理人员的专业素养的重要性还在于使之能够在工作当中创新，使档案活起来，真正发挥档案的作用，为后续的工作提供参考，对于不能应用信息技术对档案进行有效管理的人员，要有惩罚的制度，真正使有能力的人在岗位上发挥重要的作用。每一名档案管理从业人员也需要对自身的工作内容给予足够的重视，在实际操作中紧紧跟上时代的步伐，真正做到与时俱进，在时代发展的过程中不断转变工作思想，主动抓住更多的机会，做好本职工作的同时，综合提升单位的档案管理水平，发挥更大的作用。

第三节　档案管理中区块链技术的应用

"随着经济社会的发展，档案管理的重要性日益凸显，传统的档案管理方式在数据安全性和信任度方面存在局限。"[①]区块链技术采用分布式的数据库架构、加密技术和智能合约等技术手段，克服了传统中心化模式下存在的单点故障、数据篡改与安全隐患等问题，这些特性赋予区块链技术很强的去中心化和信任机制，可以应用于数字货币、金融、物流及医疗等领域，实现安全高效的数据管理和交易。区块链技术的应用在不断拓展，未来将有更多的领域应用区块链技术，促进各个领域的数据共享、相互协作和技术创新，具有很大的发展潜力。

一、区块链技术的基本特点

区块链技术是分布式、去中心化的数据库技术，通过使用密码学方法确保数据的安全和完整性。在传统的集中式数据库中，数据存储在一台或多台中心服务器上，并由中心化机构进行管理和控制。区块链技术是通过将数据分散存储在网络中的许多节点上，实现去中心化的数据管理和交易验证。区块链技术的基本特点如下。

---

① 康亚光.区块链技术在档案管理中的应用 [J].数字传媒研究，2024，41（04）：9.

第一，区块链技术的核心特征之一是分布式账本。在区块链网络中，所有参与节点都维护和共享相同的账本副本，这意味着每个节点都可以独立地查询和验证账本中的交易记录。这种分布式账本的特性保证了系统的透明性和可靠性，任何参与者都可以审查网络中的交易历史，从而减少了单点故障和数据篡改的可能性。

第二，区块链网络通过共识机制实现对账本状态的一致性。共识机制是指节点如何就新的交易记录达成共识，以确保所有节点对账本的状态保持一致。常见的共识机制包括工作量证明和权益证明。这些机制通过算法和数学模型，有效地防止了恶意行为和双重支付等问题，保证了网络的安全性和稳定性。

第三，区块链技术广泛应用了先进的加密算法，用于保护数据的安全性。通过密码学方法，数据在传输和存储过程中被加密和签名，确保了信息的保密性和完整性。加密算法不仅防止了未经授权的数据访问，还为用户提供了高度安全的交易环境，增强了信任和隐私保护。

第四，区块链的另一个重要特征是不可篡改性。一旦数据被记录在区块链上，其信息将被永久地存储和固定，不可随意修改或删除。这种特性使得区块链在保证数据完整性和可追溯性方面具有显著优势，特别适用于需要高度安全性和可靠性的应用场景。

第五，区块链技术还引入了智能合约的概念，这是一种能够自动执行预先编码条件的计算机程序。智能合约可以在区块链上部署和运行，通过定义和执行自动化的业务逻辑，实现对各种合约条款的智能化管理和执行。智能合约的出现不仅提升了业务处理的效率，还为各种交易和协议提供了更高的灵活性和透明度。

二、区块链技术在档案管理中的优势

档案作为记录历史和证明事实真实性的载体，其安全性和完整性尤为重要。传统的档案管理方式依赖集中式数据库，容易遭到数据篡改和未经授权访问的风险。区块链技术在档案管理中具有数据安全性、透明度、去中心化存储、访问控制、时间戳和数据协作等优势，使得档案管理更加安全、可靠和高效。因此，采用区块链技术改进档案管理的安全性备受业界人士关注。区块链技术在档案管理中的优势主要体现在以下六方面。

第一，区块链技术通过其分布式的加密算法确保了档案数据的安全性和完整性。传统的档案管理系统往往依赖中心化的数据库或服务器，容易成为被攻击的目标。而区块链技术将数据分散存储在网络中的各个节点上，每个节点都包含着完整的数据副本，并通过密码学方法加密数据，防止了数据被篡改或未经授权的访问。这种分布式存储和加密保障了档案信息的安全性，使得档案在传输和存储过程中更具有保障和信任。

第二，区块链技术的数据透明性和可追溯性。在区块链上，所有的交易和修改都被公开记录，任何参与者都可以查看和验证数据的完整历史记录。这种公开透明的特性不仅增强了数据的可信度，也提高了档案管理的监督和审计效果。档案管理者可以凭借区块链技术的这一特性，更好地追踪和核实档案信息的来源与变更过程，从而有效应对数据篡改和错误记录的问题。

第三，区块链技术采用了去中心化的数据存储方式，极大地提高了系统的抗攻击能力和稳定性。传统的集中式数据库易受单点故障和网络攻击威胁，而区块链将数据分布在网络中的多个节点上，即使部分节点遭到攻击或故障，系统仍能继续运行和维护数据完整性。这种去中心化架构不仅增强了系统的安全性，还降低了数据管理的运营成本和风险。

第四，区块链技术结合智能合约实现了高效的访问控制和权限管理。智能合约是预先编码的自动化程序，可以根据预设条件自动执行，例如根据用户的身份和权限对数据进行访问控制和操作。这种智能合约机制有效地保护了档案数据的私密性和机密性，只有经过授权的用户才能够查看、添加或修改数据，进一步加强了数据的安全管理。

第五，区块链技术为档案管理引入了时间戳和溯源能力。每个区块都包含了前一个区块的哈希值和时间戳，形成了一个不可篡改的数据链。这种设计确保了每笔数据记录的时效性和溯源性，使得档案管理者可以准确地追溯数据的创建和修改时间，从而更好地管理和审计档案信息。

第六，区块链技术的数据共享与相互协作特性也为档案管理带来了革命性的变化。传统的档案管理往往受限于数据归档和更新的频率，而区块链技术允许多个参与者通过网络实时共享和更新数据，保证了数据的一致性和时效性。档案管理者可以借助区块链网络，实现多方面数据的协同管理和维护，进而提升了档案管理的效率和便利性。

三、区块链档案管理安全性的应用前景

基于区块链技术的档案管理在金融、物流、医疗健康、政府管理等领域具有广阔的应用前景。区块链技术的不可篡改性、透明性和安全性使得档案管理更加可信和高效，为各行业的档案管理提供了解决方案。

（一）金融与交易领域

第一，区块链技术通过其分布式账本机制，确保了交易数据的高度可靠性和透明性。在传统的金融交易体系中，交易数据通常集中保存在中心化的数据库中，这种集中存储模式存在较大的安全隐患，包括数据泄露和篡改的风险。而区块链技术通过将交易数据记录在分布式账本上，每一笔交易都会被网络中的所有节点同步记录和验证。这种去中心化的存储方式极大地增强了数据的安全性，使得单点攻击和数据篡改变得几乎不可能。同时，由于所有节点都持有一份完整的账本副本，数据的透明度得到了前所未有的提高，用户可以随时查询并验证交易的真实性和完整性。

第二，智能合约作为区块链技术的核心组件之一，进一步提升了档案管理的安全性和效率。智能合约是一种自动执行的协议，能够在预定条件满足时自动触发相应的操作。在金融交易领域，智能合约可以用于自动化处理交易流程，减少人工干预和人为错误。通过预先设定的合约条款，交易各方的权益和义务都能够得到明确保障，避免了因合同争议而产生的纠纷。同时，智能合约的执行过程公开透明，不可篡改，所有的交易记录都能够追溯和验证，从而增强了交易的可信度和安全性。

第三，区块链技术的不可篡改性为金融档案的长期保存提供了坚实的保障。金融档案作为重要的法律和财务凭证，必须确保其真实性和完整性。而区块链技术通过哈希算法和时间戳机制，将每一笔交易记录都与前一个区块相链接，形成一个连续的区块链条。任何对数据的篡改都会引起链上所有区块哈希值的变化，从而被网络节点及时发现和拒绝。这种高度防篡改的特性确保了金融档案的安全性，为金融机构和监管部门提供了可信的档案管理工具。

第四，区块链技术在金融与交易领域的应用前景还包括跨境支付和结算的优化。传统的跨境支付流程复杂、费用高昂且时间较长，主要原因在于涉及多个中

介机构的参与。而区块链技术通过去中心化的网络结构，可以实现点对点的直接交易，消除了中介机构的参与和干预。这不仅大大缩短了交易时间，降低了交易成本，还减少了因中介机构而产生的安全风险。区块链的即时结算功能也使得资金的流动更加高效和安全，为全球金融市场的稳定和发展提供了有力支持。

（二）医疗与健康领域

第一，区块链技术在药品溯源和临床试验数据管理方面也展现出显著的优势。在药品供应链管理中，药品从生产、运输到销售的每一个环节都需要精确地记录和追踪，以防止假药和劣质药品的流通。区块链技术通过不可篡改的分布式账本，可以对药品的生产批次、流通路径和销售记录进行全程跟踪和验证，确保药品的质量和安全性。在临床试验数据管理方面，区块链技术同样可以提供高效可靠的解决方案。临床试验数据的真实性和完整性对药物研发和医学研究具有重要意义，而区块链通过哈希算法和时间戳机制，将每一笔数据都与前一个区块相链接，形成一个连续的区块链条，任何对数据的篡改都会引起链上所有区块哈希值的变化，从而被网络节点及时发现和拒绝。这种高度防篡改的特性确保了临床试验数据的安全性，为医疗研究提供了可信的档案管理工具。

第二，区块链技术在医疗数据隐私保护方面同样具有重要的应用前景。在医疗数据的存储和传输过程中，患者隐私的保护是一个关键问题。传统的隐私保护机制主要依赖中心化的认证和加密技术，这不仅存在信息泄露的风险，还容易受外部攻击和内部滥用的威胁。而区块链技术通过去中心化的身份认证和加密机制，可以有效保护患者的隐私和数据安全。在区块链网络中，患者的身份信息和健康数据被加密存储，只有在经过授权的情况下才能被访问和使用。与此同时，区块链还支持多重签名和零知识证明等先进技术，进一步提高了数据访问的安全性和隐私性。

第三，区块链技术在医疗与健康领域的应用前景还包括跨机构数据共享和患者主导的健康管理。在传统的医疗体系中，不同医疗机构之间的数据共享通常存在技术和制度上的障碍，导致患者的健康信息分散存储，无法形成完整的健康档案。而区块链技术通过其去中心化和分布式存储的特性，可以实现跨机构的数据共享和互操作性，打破信息孤岛，提高医疗服务的整体效率。患者主导的健康管理则是通过区块链技术，使患者能够全面掌控自己的健康数据，授权医疗机构和研究机构访问和使用，增强了患者的参与感和自主权。

（三）供应链管理领域

第一，区块链技术能够显著提高供应链的透明度。传统供应链管理中，由于各个环节的信息不对称，容易导致信息滞后和决策失误。而区块链技术通过分布式账本，使得所有参与方可以实时查看供应链中的每一个环节，确保信息的透明和一致。这种透明度不仅有助于提高管理效率，还可以增强客户的信任感和满意度。

第二，区块链技术可以有效提升供应链的可追溯性。供应链的复杂性和多样性，常常导致产品在流通过程中的溯源困难。而区块链技术通过其不可篡改的记录特性，可以为每一件产品建立完整的生命周期档案。从原材料的采购、生产加工到最终的销售，每一个环节的数据都可以被精确记录在区块链上，一旦出现质量问题或纠纷，可以迅速追溯到问题的源头并进行有效解决。

第三，区块链技术还可以增强供应链的安全性。供应链中的数据安全问题一直是企业关注的重点，数据泄露和篡改不仅会导致经济损失，还可能影响企业的声誉。区块链技术通过加密和分布式存储，使得数据在传输和存储过程中更加安全，不易被黑客攻击和篡改。尤其是在涉及敏感信息和高价值产品的供应链中，区块链技术的应用将大大提高数据的安全性和可靠性。

第四，区块链档案管理在供应链中的应用，不仅是技术上的进步，更是管理理念和模式的创新。通过区块链技术，供应链管理可以从传统的集中式模式转向分布式协作模式，各个参与方之间的信任和协作将得到极大提升。与此同时，区块链技术的透明性和可追溯性，有助于构建更加公平和可持续的供应链生态系统。

第四节 档案管理中人工智能技术的应用

一、人工智能在档案管理中的应用图景

（一）档案智能采集

在网络环境下，档案数据广泛产生于电子办公、电子业务、信息系统、网站网页、新媒体及传感设备等环境，而人工智能可辅助档案数据全域采集。通过融合智能感知终端、网络爬虫、数据采集、智能转录等人工智能技术，感知采集多模态、多来源档案信息资源，有效提升档案收集质量与效率，构建立体多元的馆藏档案资源体系。

（二）档案智能整理

就档案形态而言，档案资源包括实体档案资源和数字档案资源。针对实体档案资源，OCR识别、人脸识别、语音识别等技术的应用，能够自动识别并提取档案中的关键信息和文字内容，将其转化为可供计算机编辑处理的数字化、数据化信息。如荷兰国家档案馆和KNAW人文小组联合开发了开源转录软件Loghi，目前，该软件对手写、打字、印刷文本转录识别率已达到96%，有效提高了历史档案数字化的效率。针对数字档案资源，借助自然语言处理、机器学习等技术，可对档案进行聚类分析，发现不同文本间的关联与特征，实现文本型数字档案资源的自动著录标引、分类排序；还可基于模式识别技术，实现照片档案、录音录像档案等媒体型数字档案信息资源的一站式检索。

（三）档案智能服务

第一，人工智能有助于实现档案资源的多层次开发。运用数据挖掘、数据分析、知识图谱、知识地图等智能技术对档案资源进行细粒度、内容级开发，发现档案数据间的内在关联和趋势脉络，并以可视化的形式构建知识要素的关系网络，以便最大限度地激活档案信息资源的潜在价值，赋能政府决策、城市发展等宏观场景。如上海市档案馆综合运用人工智能、知识图谱等技术，打造"跟着档案观上海"数字人文平台，将建筑、历史事件及身处其中的人有机融合，为了解

城市文脉与历史记忆提供档案数据支撑。

第二，人工智能助推档案资源的个性化供给。借助自然语言处理、用户画像、智能推送等技术，可从关键词理解提高到语义、知识级别的理解，深度分析档案用户在利用过程中的需求、偏好、行为等信息，获取档案用户个性化的服务诉求，主动为其推送更加精准的档案信息。如可利用对话式语言模型ChatGPT，对大规模档案数据资源进行训练，并构建档案领域知识库，以知识问答的形式提供智能化的档案利用服务。

（四）档案智能鉴定

借助专家系统、机器学习、语义分析等技术，在对已开放鉴定的成果进行模型训练的基础上，结合专家提供的理论知识和已有的鉴定规则，预置敏感词库和规则库，实现档案目录、原文信息审读和段落、词句语义理解，进而做出档案内容的价值判断与开放结果的预测。如辽宁省档案馆结合人工智能技术，构建多维语义理解算法模型，从敏感字段、敏感词、敏感语句、敏感图像等多层次对档案全件进行语义分析，提升档案开放审核业务的智能化水平。

二、人工智能在档案管理中的应用策略

（一）构建算法柔性治理格局

第一，档案工作者应坚持人本理念，秉承包容审慎的原则。明确人工智能应先"人工"再"智能"，即智能技术在档案工作起辅助性作用，人的"智慧"始终占据主导地位，避免由于过度依赖技术而导致档案管理人员角色地位的边缘化与削弱。同时，数智化的发展潮流也为档案工作者提出新的要求，档案工作者既要顺势而为，具备驾驭新技术的能力，密切关注外部技术环境的发展变化，提高自身数字素养；又要应势而动，充分了解人工智能等新一代信息技术的应用风险及其负面效应，提升风险认知能力。

第二，推动算法设计的不断优化。档案部门应充分发挥主观能动性，主动介入算法研发和设计的前端，将档案专业理论、服务理念与算法设计高度融合，把公平、正义、平等等主流价值观念嵌入算法应用的全过程，适时优化和完善算法模型，加强论证、测试与审核，以人的价值理性规约智能技术的歧视与偏见，提

高算法决策的科学性；进一步扩大算法模型的信息推荐范畴，增加更加多元化的信息推送内容，例如可采用逆向推荐思维，为档案用户提供可能"不感兴趣""应关注但没有关注"的档案信息，从而构建立体化的信息推送机制，避免由"信息茧房"效应带来的认知窄化现象。

（二）搭建档案安全保护屏障

人工智能不是一项自成体系的技术，其应用场景的赋能需要与其他技术手段相互支撑，因此，加强区块链、数字孪生等新一代信息技术的集成运用，构筑技术风险防御屏障是保障档案安全的重要途径。

1. 区块链技术

区块链技术可通过可信时间戳和非对称加密技术，为档案数据创建唯一标识符，防止其被篡改、损坏、盗取，确保在传输过程中的真实性和可靠性；通过智能合约和共识机制，控制档案数据访问权限，以节点对节点的形式加强数据的互联互通和溯源追踪；通过去中心化存储，将档案数据分散于多个节点并实现实时备份，提高档案数据的安全性和稳定性。

2. 数字孪生技术

数字孪生是以数字化方式创建物理实体的虚拟模型，借助数据实现物理世界与数字世界的虚实映射。利用数字孪生技术可将档案馆建筑、档案实体、系统设备的状态以可视化的形式呈现，根据实时数据感知、监测、溯源档案馆运行过程中面临的不确定因素和风险状况，从而提高档案馆的风险防御水平。

（三）完善档案数据标准体系

1. 加强人工智能应用的顶层设计

（1）从前瞻性的角度出发，系统地制定人工智能在档案管理中的应用策略。这不仅是将人工智能视为工具，更是认识到它作为一种变革力量，能够通过提高效率、增强可访问性和分析能力，显著改进档案工作的各个环节。

（2）顶层设计需要在制度层面明确人工智能应用的权责分配、管理模式及安全保障措施。这包括制定明确的数据治理准则，确保算法的透明性和合规性，以及在整个档案生命周期中贯穿人工智能风险管理实践，保障档案信息的完整性和安全性。

（3）从系统性的角度来看，整合人工智能技术需要重新审视组织结构和工作流程，以更好地适应技术进步。这涉及重塑档案管理实践，充分利用人工智能优化资源配置、简化工作流程和改进决策过程的潜力。此外，还需要在档案机构内部培育创新文化和持续学习机制，以跟上人工智能技术能力和方法论的发展。

（4）鼓励企业、高校、科研机构与档案管理部门之间的协同合作，是推动人工智能在档案领域应用的重要途径。跨学科的研究合作能够推动人工智能技术在档案学科中的创新应用，例如大规模数字化、跨语言文献分析和自动化记录管理等领域，为解决长期存在的挑战提供新的解决方案。

2. 健全档案数据标准规范体系

（1）建立档案数据管理标准是确保档案数据可信性和一致性的基础。这包括规定数据获取、存储、检索和传播的流程与标准，保证档案数据在整个生命周期中的完整性和可靠性。标准化的元数据模式和数据格式能够促进不同档案系统和平台之间的互操作性与可访问性。

（2）技术标准在档案数据规范体系中具有重要地位，涵盖了数据存储架构、数据传输协议和互操作框架的规范。这些技术标准不仅有助于高效处理和管理数据，还能有效应对数据丢失、损坏或未经授权访问等风险，为人工智能在档案管理中的安全应用提供必要支持。

（3）安全标准是另一个关键要素，着重解决档案数据面临的未经授权访问、网络威胁和数据泄露等安全挑战。采用加密协议、访问控制机制和数据匿名化技术等安全措施，可以有效保护档案数据的机密性和完整性，符合法规要求并增强数据管理的可信度。

（4）隐私保护标准则是保障个人权利和确保档案数据合法使用的重要保障。制定数据匿名化、同意管理和符合GDPR等数据保护法规的具体操作规程，有助于在维护隐私的同时，为研究和档案目的提供合法的数据访问途径。

（5）配套的细则覆盖了档案数据生命周期的各个环节，确保操作的连贯性和法规遵从性。这些细则包括数据采集、处理、保存和处置的详细程序，为档案机构提供透明、负责任的数据管理实践，支持人工智能技术在档案管理中的负责任整合。

（四）建立全链条式监管机制

档案领域针对人工智能应用的监管是多方联动的动态过程，亟须构建覆盖事前、事中、事后的全生命周期的协同监管机制，推动人工智能风险预警与化解。

在事前阶段，档案部门应加强人工智能技术的前瞻预防与约束引导，强化质量认证的准入监管，建立由业务部门、技术企业、第三方监管组织、专家等多方力量组成的监管小组，对人工智能设计、产品和系统的复杂性、风险性、可解释性等进行安全评估，未达标或未通过安全评估的算法、产品或系统不能使用，将风险防患于未然。

在事中阶段，按照"谁使用谁负责，谁运行谁负责"的原则，明确监管主体必须遵守的原则和义务，重点监督和审查相关使用者应用人工智能系统或产品的合规性和合法性，强化组织内部风险管理的技术和安全保障，避免技术失控、技术滥用风险的发生。

在事后阶段，构建问责机制，整合分析在人工智能系统应用、算法应用、档案数据使用过程中的现存问题，及时调整和优化监管措施、使用流程、评估体系等，实现人工智能应用风险的闭环控制，进而确保人工智能在档案领域的应用成效。

第七章 档案安全保障体系的全方位构建

第一节 档案安全物质保障体系

"在新时期，随着科学技术手段的飞速发展与革新，档案的安全体系也需要进行同样的升级改造，只有形成一套完备的安全体系才能充分应对当今社会新形势下各项工作发展的需求。"[①]物质保障是档案安全保障体系中最为基础、最为核心的内容，物质保障系统包括档案制成材料子系统；档案馆内外部环境子系统及资金和人力资源子系统，它们构成一个有机联系的统一整体。

一、档案制成材料安全保障

档案制成材料的安全保障主要是指档案载体材料和档案信息记录材料的安全保障问题。一般而言，档案制成材料的损毁是一个绝对的过程，而且是一种不可逆的变化，此为开展档案保护工作的一个客观原因。档案制成材料的损毁是由内因和外因共同作用的。从内因上看，随着时间的推移，档案制成材料的物理、化学性能都会下降，不可避免地会发生老化，这是由材料的科学运动规律决定的；从外因上看，在保管过程中，档案也会不可避免地受外界不利的温度、湿度、光线、空气污染物，乃至自然灾害、人为灾祸的影响。从以上两方面分析，我们要做好档案制成材料的安全保障工作，就必须从档案制成材料的选择和档案保管的外界环境两方面着手，既要选择耐久性好的档案制成材料，又要创造适宜档案保存的外界环境条件。

（一）纸质档案的安全保护

以最普遍的档案物质载体——纸张的角度来说，影响纸张耐久性的因素主

---

① 郑杨. 加强档案安全体系构建的保障措施探究 [J]. 理论观察，2018（06）：155.

要有造纸植物纤维原料的质量、造纸植物纤维化学成分的性质及纸张的生产过程等因素。从原料上看，种毛纤维是最好的造纸材料，韧皮纤维也是较好的造纸原料；从纸张植物纤维化学成分看，纤维素的稳定性最好，木质素的稳定性最差，因此，从纸张的生产过程来看，应尽可能地保留纤维素并去除木质素，还应该保留适量的半纤维素亦有利于打浆，提高纸张的强度；从纸张的生产过程分析，其制浆、漂白、施胶和加填工序在改善纸张性能的同时还会对纸张的耐久性产生很多不利影响，例如降低纸张的强度等。按等级分，纸张分为U级、A级、B级、C级和D级，从永久保存档案材料的角度出发，档案部门最好选用"耐久书写纸"或U级书写纸；如果用于形成长期保存的档案，用纸应尽量选择U级或A级书写纸，对于形成短期保存的档案材料，则可以选择B级书写纸。

纸质档案的耐久性还和档案的字迹材料息息相关。在形成档案前，应合理选用文件的书写材料，在档案材料形成之后采用科学的方法保护档案字迹，以利于延长档案字迹的寿命。从耐久性来看，档案字迹的排列次序一般依次为墨、墨汁、墨水、打印字迹、圆珠笔字迹、铅笔字迹等。字迹的耐久性除了决定于色素成分和结合方式外，还受到一些外界因素的影响，主要包括光、温度、湿度等。

光是一种电磁波，具有较高的能量，因此，它对档案字迹，尤其是以有机染料色素为主要成分的字迹危害严重。仅仅在日光的作用下，字迹材料就会发生严重的化学变化，使某些色素的发色团发生变化从而引起褪色；此外，空气中的有害气体，如二氧化氮等，在光的照射下，生成氧化性气体，形成氧化剂，使得档案的一些字迹材料中的色素团被氧化从而发生褪色变化。

温度也是个极其重要的破坏因子。温度过高、耐热性差的档案字迹就会发生油渗及扩散，严重时更会使字迹变得模糊不清。高温还会促使某些有害物质加速、加重对字迹的破坏。

湿度也不容忽视。环境湿度大会使耐水性差的字迹发生渗透、扩散；潮湿还会加速某些不利因素如霉菌对字迹的破坏，使档案纸张发生了不可逆转的损毁。

（二）声像、光盘的安全保护

档案的物质载体还有很多其他类型。对机械录音档案来说，必须采取科学、有效的防护措施，通过保持库房空气清洁、合理控制温湿度、存放于硬质纸套中和加膜保护等方式，多管齐下来进行保管。

关于胶片档案，应该从装具和库房管理两方面来实行实时、有效的保护。胶片档案的装具可以分为纸张、塑料和金属三大类，每种装具都会对胶片档案的耐久性产生不同的影响。最好的选择就是不锈钢的或其他经过防腐蚀处理过的金属材料。保管胶片档案的库房环境和条件直接影响着胶片档案的使用寿命，因而在胶片档案的库房管理方面的要求包括：库房温湿度应控制为相对湿度45%～60%，适宜温度为14℃～24℃，库房内最好安装空气调节机及除湿设备，以控制库房内的温湿度和保持清洁的库房空气。另外，同时做好防光、防火和清洁等工作，最大限度地延长胶片档案的寿命，提高胶片档案的使用效率。

光盘档案同样需要非常细致多元地保护。光盘寿命的影响因素可以分为内在因素和外在因素两大类，内在因素与光盘物理成分的性质、结构类型等有很大关系；外在因素则与空气污染物和空气温湿度、光盘的写读方式及写读功率等有关。因此，在保障光盘档案的安全措施方面，至少应包括防治空气污染物、调控库房空气温湿度、减少其使用率或以其他方式代替（如将光盘内容复制出电子版）、保持信息读取面的清洁和防止标记面的机械损伤等。

档案都是具有保存价值的珍贵资料。从档案保管部门来看，对于规模较大、历史悠久和档案数量较多的单位和部门，应建设专用的档案馆，配备收藏和保护档案的专用设备。有条件的单位，对于珍贵档案还可考虑建立档案特藏室。此举是为有利于改善珍贵档案的保管条件，有利于优化档案资源的配置和突出档案部门的保护重点。尤其对于需要永久保存的档案，还应考虑将其放在封闭便携式档案装具中，以便应对突发事件，便于应急携带。

二、档案馆内外部环境系统建设

（一）档案库房建筑物

档案必须存放于密闭、清洁、适宜的空间，这是保证档案安全的第一步；选择良好环境条件的地方建筑档案库房，则是防止空气污染破坏档案的最简单、最经济有效的措施。地理位置、气象条件、近地表层空气状况因时因地各有不同，此外城市不同地域的环境污染程度也必须考虑，通常厂矿企业区、主要交通干道及居民集中生活区都是空气污染较为严重的地方，因此，建筑档案库房时应综合衡量。要考虑地理条件，要求空气状况良好、温湿度适宜，档案库房应处于空气流通的地区；还要考虑环境状况，必须远离那些污染严重的地域，尤其是不能处于污染物的下风地带；另外，还应遵循国家档案法规中关于档案库房建筑的规定。

档案库房的建筑必须符合特定的建筑规范，遵循安全、环保、实用等原则，严格执行国家档案行政管理机关制定的相关规定，将档案馆库建设成为保障档案安全的坚固屏障和忠实守护者。在建设档案库房时，一定要综合考虑抗震、防火和防水、防盗等因素，地震、洪水、泥石流等突发自然灾害是人类无法抵御的。具体来说，档案库房的抗震设防烈度一定要高于普通公用建筑的设防烈度；档案库房一定要采用防火建设材料来建造，安装自动消防报警装置及各种防火灭火装置。选择库房地址时就要考虑防火，应注意周围环境，库房建筑应与其他建筑保持一定的距离，以免发生火灾后被连烧，临街的位置、城市的繁华中心区也最好避免，因为发生事故的可能性更大。但是，为了便于档案利用者，档案库房也不应离城市太远，应该交通方便，便于大众利用。

（二）设备设施及库房内外部环境

在设施设备方面，档案库房必须配备安全装备，如空调设备、除尘设备、温湿度计、杀虫装置、消防器材及修复机器等。国家规定了门禁、温湿度监控、消防、周界防护、电子巡查、视频监控、通信、计算机安全等系统建设的安全标准。各地市档案馆应该严格执行安全标准，尽早、尽最大可能确保档案安全。

档案库房内外部的环境极其重要，环境不好则会直接加速不利因子损毁档案。在库房内外部环境方面，档案库房周围应加强绿化，特定的绿色植物如合欢树等树木枝冠茂密，可以吸收库房周边的有害气体，其树叶表面粗糙不平，其绒毛能分泌油脂，可阻挡、吸附灰尘。提高库房周围的绿化率，既可使库房外部美观，又可净化空气，降低空气污染物对档案的破坏，延长档案的寿命。档案库房内应该保持清洁，使用空气的过滤与净化装置如中央空调、抽风机等，坚决杜绝有害气体进入档案库房，以及对库房内的有害气体进行必要的净化。净化有害气体的方法主要有两种：①利用碱性液体吸收有害气体；②利用特殊固体物质如活性炭、浸渍活性炭、活性氧化铝、硅胶及分子筛等，利用此类物质的物理吸附性吸除有害气体。

三、档案安全资金及人力资源保障

档案部门乃国家非营利性文化事业机构，向档案利用者提供档案利用时一般只适当收取少量工本费、复印费。故而档案部门自身没有营利性收入，缺少雄厚的资金支撑，在建设新馆、添置设备、加强管理等方面的投入都必须依赖国家及地方政府的财政支持。因此，构建国家层面的、由上而下的档案安全保障体系：国家必须全力支持，资金投入必须充足、及时、专项、到位。资金保障是构建档案安全保障体系的前提和基础，人力保障是软实力层面的保障，档案人员是做好档案工作的主体，是加强档案管理的核心，是档案安全的守护者，其重要性不言而喻，必须构建起科学的人力资源保障体系。

（一）档案安全资金保障

目前，我国档案部门档案安全保障资金来源渠道主要有三条：①国家档案局下拨的档案抢救经费；②国家发改委下拨的档案馆建馆补助资金；③省财政厅下拨给省档案局的档案安全经费。

总体来说，以上资金支撑相对于我国社会主义档案事业发展的速度、国外档案部门的资金保障仍是落后的、不相匹配的。因此建议国家档案行政管理部门向国务院有关部门加大争取力度，进一步扩大、落实档案部门的财政资金划拨范围。

中央及地方政府提供充足的财政资金给档案部门，这是档案安全资金保障的第一步，也是最重要的一步。但是资金划拨并不是资金保障体系的全部内容，具体来说，还应包括以下三方面的内容：

第一，档案局（馆）应建立资金专人管理、资金专项使用制度。档案局（馆）是国家政府行政管理部门的组成部分。从现代行政管理的角度来看，档案局（馆）的资金使用应该明晰、规范、科学。资金专人管理，不仅是传统意义上的设财务人员、会计管理账目，还应提高财务人员的分析资金能力，分析资金使用途径、使用程序、使用效率，以便更好地利用相对有限的财政资金。资金专项使用制度指的是，档案部门的资金相对较少，因此，资金必须主要用于档案库房的建设、维修，档案设备的购置、档案管理技术的升级和档案人员的培训等专项事宜。

第二，档案局（馆）应明确资金使用规范。档案部门应尽早制定明确的资金使用制度，包括资金使用立项审核审批、使用监督、使用后评价等。资金的使用应该有一套公正、公平、公开的程序。

第三，档案局（馆）的资金使用应该有专门的工作小组不定期的监督检查。任何政府行政部门的行政行为都应该有特定的监督机制来对其进行监督，档案部门也不例外。档案局（馆）应建立资金审查小组，成员应该从局馆内的各个科室抽调，并定期更换。小组成立之后，制定工作章程，严格按章程并定期地审核资金使用的规范性。

（二）档案安全人力资源保障

我国档案部门工作人员的素质不太高，很多档案员只是一个档案业务工作者，而不是一个档案行家。两者区别在于，档案业务工作者缺乏全面、系统的档案专业基础理论知识，缺乏现代化技术尤其是现代信息科学技术、缺乏关乎档案部门发展、档案事业发展的前瞻性眼光和战略性思考。国家、中央档案部门档案人员相对来说，学历、知识层次是比较高的，平均学历为本科，而地方档案部门的工作人员的来源背景相对比较复杂，平均学历为大专层次。随着公务员制度的普遍实行，档案部门新进人员的学历层次多有提升。

目前，针对我国档案人员素质不高的现状，切实构建起档案安全的人力资源保障，应采取以下措施。

第一，加强档案安全的管理队伍建设，提高档案人员的思想政治觉悟，使其从思想源头上重视档案安全。提高档案部门全体人员的专业素质，增强档案员的档案安全保障能力，是档案部门必须始终高度重视并且切实付诸行动的一项紧迫任务。档案安全队伍必须专设，应选择政治觉悟高，工作责任心强，业务精通，有一定专长的同志组成档案安全管理工作组，从本单位如果无法选拔足够的人才，可以使用社会上的专业人才；档案部门应该加强对现有在岗档案人员的教育和培养，定期以进修、培训、实习、应急演练模拟等不同的形式进行档案拓展再教育，如此开展经常性的安全教育和宣传培训，可以达到强化其安全意识和提高其责任意识的目的，普及保障档案安全常规知识与技能，向其介绍国内外关于档案安全保障的最新研究理论和技术成果。

第二，改善档案部门管理模式，设置专门的安全管理机构。档案部门内规范地设置档案安全科，主要负责档案安全相关的技术攻关和定期的档案安全检查、指导。至于新模式、新体制的探索，可以分步实施、逐步推进、逐步完善，如果机构、编制、资金、人员短期无法完全落实到位也无妨，理论先行，先挂牌亦可，没有单独档案安全的科室和管理岗位的，配备专职档案人员负责档案安全也行，先构建好管理框架，再逐步落实与补充。

第三，探索新的档案安全管理体制，切实加大档案安全检查的幅度，加大档案安全的监督检查力度。监督检查是档案安全管理体制的核心内容，既可以是对库房建设、设备仪器运行、日常安全管理制度等的综合性监督检查，也可以通过档案馆安全测评、档案事业评估报告、档案用户定期的调查问卷等形式对档案安全工作进行监督和检查。并与安监局、消防部门齐心合力、齐抓共管，推动档案安全工作的全面落实。

第二节　档案安全技术保障体系

一、纸质档案的保管与修复

"对档案信息安全保障体系的建设方法进行研究，能够有效提高档案信息的安全性。"[①]我国档案历史悠久，档案载体多种多样，但是纸张作为档案的主要载体占据了主导地位。因此，传统档案安全技术主要指的是纸质档案的安全保管技术。

（一）纸质档案的安全保管技术

1.驱虫保护法

档案有害生物是指寄生在档案库房、档案案卷内，以档案载体材料为食物，会对档案造成毁灭性灾难的有害昆虫、细菌等。档案有害生物的出现有时候是难以完全避免的，比如年代久远的历史档案或长期处于高温高湿环境下的档案等，各种霉菌或寄生虫类很容易附生于其上。档案部门应做好档案有害微生物

---

① 谷广民.浅谈档案信息安全保障体系的建设与思考 [J].东方企业文化，2017（S1）：89.

"防""治"两方面的工作，很多历史档案非常珍贵，只有孤份，所以，应坚持"以防为主，防治结合"的方针，避免有害生物侵蚀档案。我国古代档案管理者总结了染纸防蠹法、曝晒驱虫法、药物防蛀法等有效的方法。

（1）染纸防蠹法是通过在染纸过程中添加诸如花椒、辣椒等刺激性物质，使得档案昆虫无法在纸张中寄生的方法，既可使得纸张美观，又可以达到防虫防霉的目的。

（2）曝晒驱虫法是将档案曝露于太阳光中，利用太阳能的杀菌驱虫功效预防档案有害微生物的产生，或者驱虫杀菌。我国的气候、领土情况决定了每年夏季水汽湿润，容易滋生菌虫。因此，档案部门应在每年的初夏，太阳光不是特别强烈的日子里，将档案取出放置在特定的晒台，强烈的太阳光中含有很多的紫外线，可以有效地破坏霉菌的细胞组织，达到杀菌防蛀，驱虫灭菌的目的。

（3）药物防蛀法在档案保管实践中使用非常普遍，是指将植物性驱虫药剂、化学性驱虫剂等放置于档案库柜内，待药剂成分挥发，库柜周围的空气中则含有高浓度的驱虫成分，防止害虫寄生。这种方法最大的好处在于提前"防"，而不是事后"治"，从而从源头上避免了档案有害微生物侵蚀档案，而且采用植物药剂驱虫，方法简单，原料易得，安全高效，所以，这一方法被档案部门普遍使用。但是，对药物防虫要全面地分析和研究，防虫剂只能防虫，不能杀虫；防虫剂在库房内大量使用，对档案工作人员的身体健康有一定的副作用。我国各地使用过的驱虫剂有十余种，主要有烟叶、香草、樟脑、山苍子油、花椒、橘皮、冰片、黄檗、铅丹等。

2.装帧保护方法

我国古代档案、历史文献工作者在长期历史实践中总结出了独具特色的档案文献保管方法——文献装帧保护法，如魏晋至隋唐年间盛行的卷轴装帧法、旋风装帧法、经折装帧法；五代至宋朝使用的蝴蝶装帧法；以及元、明、清时期出现的包背装帧法和线装装帧法等。采取好的装帧方法既可以使档案文献美观、使用方便，又可以避免过多的机械磨损，有效地防虫、避蠹，为档案的安全保管提供了有效的途径。

3.建筑保护方法

良好的库房环境甚至可以省去三分之一的档案保管、修复费用。所以，勤劳智慧的我国古代档案管理人员高度重视档案馆库的设计和建筑，以保护历史文献及档案资料。在设计和建筑时结合地形地势，因地制宜，顺势而筑，很重视传统的"八防"，主要包括防火、防水、防热、防湿、防虫、防鼠、防盗、防光等要求，收到了积极良好的效果。"石室金匮"建筑是我国古代收藏王室档案文献资料的顶级代表性水平建筑，如明永乐年间"皇史宬"当之无愧地可以作为古代石室金匮档案库房建筑的典范，是我国现存最完整的皇家档案库，它砖墙极厚、地基极高、密闭性非常好，除具有防火防盗、防高温、防潮的作用外，还可以作为固若金汤的天然屏障，有效地抵御地震及风、雨、雷、雪等突发性自然灾害事故，在其建成使用的600多年内，从未发生过档案损毁事件。所以，皇史宬为明代大量珍贵档案文献史料传世留存发挥了卓越的作用。后世应该以其设计理念、建筑内涵为当今档案库房建筑的参考范例。

（二）纸质档案的修复加固技术

档案在保管、利用的过程中受到内、外力的作用，出现纸张老化、字迹不清、机械磨损等损伤，甚至出现"档案砖"等现象在档案部门是非常普遍的。越珍贵、越古老的档案越是如此，这就需要档案部门采取切实有效的措施，进行技术攻关，研究档案的修复问题。针对这些情况，我国档案工作者经过长期的实践，积累了一套科学的档案修复技术与方法。纸质档案修复技术主要包括去污技术、去酸技术、加固技术。

1.纸质档案的去污技术

纸质档案去污技术主要包括机械去污、溶剂去污、氧化去污法。机械去污是用刀、毛刷等工具，通过机械刮擦，将污斑除去。该法适用于纸张强度较高，而污斑较厚且易除的档案。溶剂去污法是利用溶剂（水、汽油、酒精等）能和污斑相溶的原理，使污迹淡化至消失。但是，使用此法应注意有机溶剂容易着火，且有一定的毒性，因此应在通风条件下进行操作。氧化去污法是利用氯胺、次氯酸盐、高锰酸钾等化学物质的氧化性，将污斑中的色素氧化，变成无色而去污。但我国常用纸张中木质素含量高，木质素特别容易被氧化，而高锰酸钾的氧化性很强，所以不宜用高锰酸钾去污。故而，考虑字迹耐久性、纸张强度等因素的影响，在使用氧化剂对档案纸张进行去污处理时应使用缓和性的氧化剂。

2. 纸质档案的去酸技术

纸质档案的去酸技术主要有液相去酸和气相去酸两种方法。纸张的生产过程中添加了很多物质，所以，档案一般呈酸性，含有较多的氢离子，而液相去酸正是使用某些碱性溶液与氢离子中和反应而达到去酸的目的。氢氧化钙是液相去酸常用的碱性水溶液。气相去酸法是指将档案置于碱性气体或碱性蒸气中，使得氢离子和气体中的氢氧根离子中和去酸的方法。通常选择的气体是氨气，因为氨气原料易得，操作简单，而且是弱碱性气体，对字迹影响不大，可以大批量处理档案。应注意用氨气去酸后，档案纸张上没有碱性残留物，纸张容易恢复酸性。

3. 纸质档案的加固技术

许多档案的载体材料和记录材料都不是很牢固，有的纸张强度不够，有的字迹材料耐久性较差，例如红、蓝墨水字迹不耐水，染料、颜料等字迹材料易褪色，铅笔字迹不易消退等，故而，对于这些档案字迹需要采用加固技术提高档案记录材料的耐久性。常用的加固技术为：涂料（成膜物）加固，塑料薄膜加固；丝网加固。

二、电子档案信息安全保障

自1946年世界上第一台电子计算机诞生以来，人类开始快速向信息时代迈进，在人类尚未作好充分准备的条件下，信息化就以超出人们想象的速度席卷而来。电子文件飞速发展，人们不得不面对越来越多的电子档案，甚至人们为人类是不是要进入无纸化时代而困惑。与传统档案相比，电子文件的内在特性决定了它们具有更大的不确定性和更高的风险性，面对电子档案信息安全问题，人类遇到了前所未有的挑战。

（一）制定国家层面的电子档案安全规划

制订国家层面的电子档案安全规划应由国务院单独立项，国家档案行政管理部门牵头，组成专门机构，研究我国电子档案安全的宏观发展战略。研究内容主要包括电子文件生命周期理论中的安全控制理论、保障电子档案安全的信息安全理论，电子文件安全管理理论与技术等，而不是局限于传统意义上的"技术防火墙""人力防火墙"，更要建立信息技术环境下的电子档案安全"综合防火墙"。

逐步探索实行电子文件管理上的风险防范机制，从电子文件生命周期的第一阶段就开始着手保障电子文件的真实性、完整性、可用性和机密性，从而达到电子档案安全。

制定国家层面的电子档案安全规划至少应包括以下内容。

1. 理论方面

研究我国电子档案的宏观环境和目前各地市档案馆的电子档案现状，针对我国电子档案的特点、成绩、问题进行基础研究，总结我国电子档案安全的基础理论，设计出一套切实可行的电子档案安全管理模式。目前，安徽省档案局在电子文件管理方面作为国家电子文件试点站，成绩喜人，为其他档案部门发展电子文件提供了参考范例。

2. 组织层面

组织体系、制度安排、资金和人力资源的问题都必须有全面、细致、可行的安排和协调。因为电子档案的安全战略服从于国家的电子文件发展战略，又必须符合各地市档案馆的现实情况，不可能一蹴而就，但是基本的核心内容如电子文件的组织模型、电子文件的管理模式、电子文件的分级、存储机制、电子档案管理人员的组织构成等则是必须探索出新路的，可以探讨电子档案的分布式管理方案、提高其管理与利用效率。

3. 技术层面

应该以构建电子档案安全技术平台、研究电子档案日常电子化安全管理为入口，重点建设技术防护网。电子文件的每一生命周期阶段，如生成、传输、保管、利用过程中都应该制定相对可行的安全规范标准，做到程序规范。

4. 安全方面

电子环境下档案的生成、保管阶段需要花费很多精力，但是更要注意的是电子档案的利用过程中所面临的安全隐患。在分布式网络环境下，电子档案以方便查找、方便利用为主要优点，但是其服务对象可以是全世界的所有受众，那么电子档案的借阅、复制及迁移就会无时无刻受到来自利用者的威胁。因此，档案部门应加强普遍的教育宣传，全社会都应加强电子档案的安全保护意识。同时，档案部门可以考虑采用通过数据仓库的建设方案、基础档案数据与对外服务档案数据的边界划分机制，内网与外网的分段策略等技术手段来实现电子档案的利用保护。

5. 管理方面

研究我国电子文件的安全管理理论新形势下的电子档案发展不是简单地防黑客、防病毒、防丢失，更重要的是在此基础上研究如何实现电子化管理档案，在实际管理过程中充分利用现代化信息技术。档案管理行为的电子化、安全化，是利用数字化技术来丰富档案尤其是电子档案的服务功能，拓宽服务范围，使档案信息共享平台跨度更大，利用更方便，历史延续性更强。为了达到该目的，规范电子档案安全管理行为，构建一种层次化的电子档案管理机制，是电子档案安全管理的核心内容之一。

（二）通过现代信息技术保障电子档案的安全

第一，通过技术升级，做好档案信息安全管理。现阶段，档案部门对于各种各样的信息技术已然并不陌生，并积极适应、拓展。新技术为档案管理和利用提供了高效便捷的手段与方法，但其保管过程比传统的纸质档案的安全保管要复杂得多。档案部门本着对国家、对人民、对子孙后代负责的态度，应该严格贯彻、执行国家有关档案信息安全方面的规章制度，利用规范、保密规定，把档案安全摆在新形势、新技术环境下第一位的位置。因为若干年后，也许电子环境才是档案的唯一生存环境，现在的电子档案就是后代品鉴我们所处时代的真实的记录。

第二，实行电子档案等级保护，建立健全档案信息安全工作制度。现代数字电信技术的迅猛发展，导致了电子文件每天都以数以亿计的数量出现，这个庞大的数额给档案部门电子档案鉴定、电子档案保管工作带来了极大的挑战。新的技术威胁每时每刻都在出现，现阶段要想对所有的电子档案一视同仁地保护是不可能的，档案部门应该制定电子档案的等级保护制度。对所有进馆的电子档案实行鉴定，鉴定其等级高低，确定对其的保管力度。同时，根据国家有关档案工作的方针、政策和新形势下档案工作的新特点，完善现代信息环境下电子档案的保管、利用、编研、保密等方面的制度与规范，并不断地进行考核、监督、反馈。

第三，加快构建档案利用信息安全网，推行基于访问控制的电子文件加密体制、基于电子文档可靠性要求的电子文件数字签名模式。电子档案不同于电子文件，两者的使用应有明确的分界线。电子文件应该按照国家政务公开信息条例的相关要求，及时公开，便民利用，但是电子档案就不同，虽然是以电子形式出现的，但其同样是具有保密价值的档案，因此要正确处理电子档案的保密问题、档案信息安全与实现档案资源共享的矛盾。按电子档案密级程度的高低确定其公开的程度甚至不公开，对于重要的档案信息不得上国际互联网。计算机系统和网络的管理、病毒防范技术和措施，档案数据的访问设置等都要有严格的制度规范。政府部门内部的电子政务系统同样要做好保密工作，内部局域网应与国际互联网实行物理隔离。在电子档案的实体保管方面，应该超越双套制，实行"三套制"：一套封存保管，一套提供利用，一套异地备份。

第四，进一步完善档案信息安全责任制。电子档案的不稳定性，易变性特点突出，所以，对电子档案必须进行全程监控，把档案信息安全的责任落实到专人。对于负责监管电子档案安全的负责人在档案信息安全上疏于职守，导致不良后果的，应依法追究该档案部门负责人和有关责任人的法律责任。

第三节　档案安全应急机制保障体系

一、建立档案安全应急机制的必要性

第一，档案安全应急机制的建立是对抗自然灾害的关键手段。地震、洪水、火灾等自然灾害在发生时往往具有突发性和不可预测性，这些灾害可能在瞬间对档案馆的建筑结构和馆藏档案造成毁灭性破坏。有效的应急预案应包括对灾害的预警系统、灾前准备措施、灾中应急响应和灾后恢复计划。通过科学的预警系统，档案馆可以在灾害来临前及时采取措施，减少损失；通过完善的应急响应机制，可以在灾害发生时迅速反应，保护馆藏档案；通过系统的灾后恢复计划，可以在灾害结束后迅速修复受损的档案馆建筑和档案资料，确保档案的长期保存。

第二，档案安全应急机制应涵盖对人为因素造成的突发事件的应对措施。档案盗窃、破坏和意外停电等人为因素同样对档案安全构成威胁。档案馆应建立完善的安全防护系统，包括监控设备、报警系统和安全巡查制度，确保档案的安全；同时，应制订详细的应急预案，在突发事件发生时能够迅速反应，采取有效措施，保护档案安全。例如在发生停电事件时，应急预案应包括备用电源的启动程序，确保档案馆的基本运转和档案的安全存储。

第三，档案安全应急机制的建立应包括对档案工作人员的培训和演练。档案工作人员是实施应急预案的关键，他们的应急处理能力直接关系到预案的有效性。档案部门应定期组织应急演练，模拟不同类型的突发事件，通过实际操作提高工作人员的应急处理能力和协作水平；同时，应开展专题培训，提升工作人员的应急知识和技能，确保在突发事件发生时能够冷静应对，迅速采取有效措施。此外，档案部门还应加强对档案安全工作的监管，建立健全的监督和评估机制，定期检查应急预案的实施情况，及时发现和解决存在的问题，不断完善和优化应急机制。

二、档案安全应急预案制定原则、内容及流程

（一）档案安全应急预案制定原则

1. 全面性原则

在建立档案安全应急预案的时候，档案部门应坚持全面的原则，结合本馆所处地理位置、社会实际情况，细致考察本馆馆藏可能面临的安全威胁。主要险源包括：①自然灾害类，如地震、泥石流、海啸、台风、洪水、天然火灾等；②意外事故类，如设备突发故障（停电、空调失灵、消防设备故障等）、空气污染等；③人为事故类，如纵火、爆炸、施放有毒气体、实施恐怖袭击等。

2. 预见性原则

档案安全的保障必须坚持"以防为主，防治结合"，从源头上提前预防，不能将安全保障的侧重点放在事后补救上。档案安全应急预案的主要功能就是提前预见、准备好应对档案馆内外可能出现的灾难或事故，如若发生，及时启动预案，采取预定措施，将灾害或事故对档案安全的影响降至最低。

（二）档案安全应急预案制定的内容

1.实行行政领导负责制

档案馆馆长应该成为档案安全应急机制的第一负责人。他负责组织制订档案安全应急预案，并在馆内科学地分工，馆内每个工作人员都承担一定的责任，实行责任制，奖惩严明。档案部门应该在日常管理中将档案安全工作作为重点来抓，减少档案安全风险。

2.建立报警程序和信息告知机制

灾害事故随时可能发生，因此，及早建立档案灾害预警监测系统尤为必要。多注意收集突发性灾难的相关理论资料与实践资料，以此为基础建立档案灾害预警监测系统，分析监测数据，事先预计可能出现的后果，做好应灾准备。应启动报警程序，包括灾难响应机构设置，响应工作流程、响应工作保障等内容。同时，灾难发生之际，应充分发挥馆内外信息网络的优势，保证灾害信息公开和传播渠道顺畅，便于调遣、安排救灾工作。档案部门平时就应该加强宣传教育和培训，提高档案人员的防灾意识、树立危机意识，广泛宣传档案安全保障的重要性。保证报警及紧急信息发布后，有关人员能及时到位，有针对性地采取相应的措施应对，临危不乱，按照预案中相关方案步骤进行。

3.明确档案抢救优先顺序

档案馆外部环境，比如说空气污染、水污染等问题单靠档案部门是无法解决的，但是，档案部门可以通过提高绿化覆盖率来改善部分状况。比如合欢树、梧桐树等，有很好的废气清洁功能。就档案馆内部来说，首先是要定期维修库房建筑，不断对其进行加固；其次是应定期对馆内档案安全设备进行检测、维修和改善。预防电线老化、空调失灵、下水管道堵塞等不良状况的发生。

每个档案馆都有自己的特色馆藏，因此，档案部门应该确定如果发生突发性灾难，馆藏档案的优先抢救顺序。即依据档案的形成者、历史年限、涉及内容、孤绝本等，确定馆藏档案的重要性，如若发生事故，按抢救顺序有序进行。另外还要考虑档案载体材料本身易损性，易受潮、易损的珍贵纸质档案须优先抢救。

4.完善档案备份制度

档案部门应完善档案备份制度，提高抵御各种突发事件的能力。突发灾难的发生往往是瞬时性的，档案部门当然会采取措施积极地将档案转至安全的地方，但也难免出现来不及转移，而档案毁于灾难中的情况。所以，档案应该异地异质备份，即使本馆遭遇灾难，其他地方仍留有备份。纸质档案可以扫描、缩微等方式进行异质备份。对于重要档案、珍贵档案，档案部门应将其确定为保护的重点，加固封存，灾难发生后优先抢救，避免二次损毁。

5.加强宣传教育、培训演练

档案部门平时就应加强对档案人员的防灾、救灾意识和应急处置能力的锻炼。档案应急预案即使完美无缺，如果没有相应的人力资源保障的话，也是无法实现的。一套完善的档案安全应急预案，需要档案部门全体人员的协调配合，共同努力，每个人对预案步骤、实施措施铭记心中，将防灾、救灾意识和能力培养变成习惯，才能在灾难真正出现的时候从容应对。档案部门还应该经常开展各种形式的档案灾难模拟演练。平时就应该将档案抢救中所需的基本工具如电筒、聚乙烯薄膜、纱布、橡胶手套等基本物品及灾害抢救服务单位的电话号码准备好并确保用到时能够及时取得，可以考虑与当地其他抢险救灾部门合作，实行模拟演练。

6.灾后紧急修复

灾难一旦发生，档案必然会受到不同程度的损毁，因此，灾后必须加强对档案的修复。在洪水、泥石流等灾难中受到水淹、泥污的档案，应做及时干燥、消毒处理，有条件的话应该尽快进行冷冻和脱水干燥；所有污损、破损的档案都要进行档案字迹恢复、修复、修裱。

（三）档案安全应急预案制定流程

第一，应成立档案安全应急预案制订工作组，成员应包括档案管理人员、信息技术专家、安全保卫人员及相关部门负责人。工作组应明确分工，确保各项任务有人负责，并建立统一的联络机制，以便在突发事件发生时能够迅速响应。

第二，工作组需要进行风险评估，识别可能威胁档案安全的各种因素。风险评估应涵盖自然灾害（如地震、洪水、火灾等）、人为破坏（如盗窃、故意破坏等）、技术故障（如系统崩溃、数据丢失等）及其他突发事件。对每一种风险，应分析其发生概率及可能造成的损失，评估其对档案安全的潜在影响。

第三，在完成风险评估后，工作组应根据评估结果制订具体的应急预案。应急预案应包含预防措施、应急响应流程和恢复计划三大部分。在预防措施方面，工作组应提出加强安全管理的具体要求，如提高档案库房的防火、防水、防盗能力，定期进行设备检修和系统升级，制定严格的档案借阅和使用规定等。应急响应流程应详细规定在突发事件发生时，各部门及人员的职责和具体操作步骤，包括应急指挥中心的设立、信息通报机制、人员疏散和档案转移方案等。恢复计划则应重点关注事件发生后的恢复和重建工作，如档案修复、数据恢复、设备更换和系统重建等，并确保有足够的资源和资金支持。

第四，应急预案制订过程中还需考虑与外部机构的协作。档案管理部门应与当地的消防、公安、医疗等部门建立紧密联系，确保在紧急情况下能够得到及时有效的支援。同时，还应与档案修复机构、数据恢复公司等专业机构保持合作，以便在档案受损时能够迅速开展修复工作。

第四节　档案安全保障体系的可持续发展

一、档案安全保障体系可持续发展的必要性

第一，档案安全保障体系的可持续发展能够有效应对技术风险。随着档案管理逐渐向数字化、信息化转型，电子档案和数字化信息的存储、传输和使用变得越来越普遍。数字技术的快速迭代和更新也带来了新的风险，如数据泄露、黑客攻击、病毒侵害等。通过构建和维护一个可持续的档案安全保障体系，可以不断引入先进的技术手段，及时升级安全防护措施，从而有效应对和化解技术风险，确保档案信息的完整性、保密性和可用性。

第二，档案安全保障体系的可持续发展对于防范自然灾害和人为事故至关重要。档案作为珍贵的历史和文化记录，常常具有不可再生性和不可替代性，一旦遭遇火灾、洪水、地震等自然灾害，或是人为失误和破坏，其损失往往是无法弥

补的。通过建立健全的档案安全保障体系，可以制订科学合理的防灾减灾方案，配置必要的安全设施和设备，进行定期的安全检查和演练，提升档案管理人员的应急处置能力，从而最大限度地减少自然灾害和人为事故对档案的威胁。

第三，档案安全保障体系的可持续发展有助于促进档案管理的规范化和标准化。一个良好的档案安全保障体系，不仅包括先进的技术手段和设备配置，还需要有完善的管理制度和操作规程。这就要求档案管理机构在建设档案安全保障体系的过程中，注重制度建设和规范化管理，制定科学的档案管理规章和标准，明确各个环节的工作流程和职责，从而确保档案管理工作的有序进行。同时，定期对档案安全保障体系进行评估和改进，不断总结经验，优化管理，提升档案安全保障水平。

第四，档案安全保障体系的可持续发展对于保护档案信息的长期可用性和可访问性具有重要意义。档案不仅是历史的记录，更是未来研究的重要资源，其信息价值和利用价值随着时间的推移愈加凸显。通过建立和维护一个可持续发展的档案安全保障体系，可以确保档案信息在长时间内保持良好的状态，并且在需要时能够被方便、快捷地访问和利用。这不仅有利于档案管理机构履行其社会职责，也为社会各界提供了宝贵的历史和文化资源，促进了社会的进步和发展。

第五，档案安全保障体系的可持续发展能够提升公众对档案管理工作的信任和支持。档案安全保障体系的建设和完善，不仅是档案管理机构的责任，也是全社会的共同利益所在。通过积极宣传档案安全保障体系的重要性和建设成果，增强公众对档案管理工作的理解和支持，可以动员更多的社会力量参与到档案安全保障体系的建设中来，共同推动档案管理事业的可持续发展。

二、档案安全保障体系可持续发展的基本原则

（一）标准化与规范化原则

档案管理需要遵循严格的标准和规范，才能保证其安全性和可操作性。制定统一的档案管理标准和操作规程，明确各个环节的工作流程和职责，可以有效避免因操作不当或管理疏漏而导致的安全隐患。同时，定期开展培训和演练，提高档案管理人员的专业水平和安全意识，确保他们能够熟练掌握和执行相关标准与规程。

（二）全面性与系统性原则

档案安全涉及多个环节和层面，包括物理安全、数据安全、人员安全、管理制度等。因此，在构建档案安全保障体系时，必须综合考虑各方面的因素，制定全面的安全策略。建立覆盖全面的安全防护措施，从档案的收集、存储、传输到使用的全过程进行有效管理和控制，确保每个环节都具备充分的安全保障。

（三）预防与应急响应原则

档案安全保障体系不仅需要建立完善的防护措施，还必须具备高效的应急响应机制。通过风险评估和安全审计，及时发现和排除潜在的安全隐患，防止安全事故的发生。同时，制订详细的应急预案，定期进行模拟演练，确保在发生突发事件时能够迅速做出反应，最大限度地减少损失和影响。

（四）持续改进与评估原则

档案安全保障体系不是一成不变的，而是需要根据实际情况不断调整和优化的动态过程。通过建立持续改进机制，定期对档案安全保障体系进行评估和反馈，分析存在的问题和不足，不断优化和完善各项措施与制度。同时，借鉴国内外先进经验和做法，推动档案安全保障体系的创新和发展，提高其适应性和有效性。

（五）社会参与与公众监督原则

档案管理不仅是档案机构的职责，也是全社会的共同责任。通过加强社会宣传和公众教育，提升公众对档案安全重要性的认识，动员社会各界广泛参与到档案安全保障体系的建设中来。同时，建立健全公众监督机制，接受社会监督和评议，确保档案管理工作的公开、公正和透明。

三、档案安全保障体系可持续发展的路径

档案保护技术学可持续发展既要兼顾社会发展的实际需要，又要考虑我国历史文明长期保护的目标。注重将现代信息技术应用到传统技术中，保证数字信息的长期读取、无论实现现代技术还是传统技术要经得起时代的考验，所有技术的实施要具有可逆性和重现性，同时，技术的实施要为将来档案保护和管理的发

展留有的空间。要实现档案安全保障体系的可持续发展，应具有可持续发展的理念，掌握可持续发展的方法，加强合作，提升可持续发展的能力，才能实现档案安全保障体系的可持续发展。

（一）树立可持续发展的理念

可持续发展理念体现在档案的收集、保管和利用等各个环节，贯穿档案安全保障体系建设的始终，因此，必须将档案安全保障体系的可持续在理念内化为一种自觉性，从而服务于档案安全保障体系建设，实现可持续发展。

1.预防为主

事前预防胜于事后补偿，长期以来，档案保护技术学强调"以防为主，防治结合"。随着档案安全保障体系建设研究的不断深入，防的观念不是淡化了，而是应该放在更为突出的地位，档案安全保障体系构建的基本方针是积极预防、综合防范。但是，从目前档案安全保障体系建设的构建角度来说，防的观念强调得还不够，仅仅靠前端控制，采取一切安全保障活动之前的设计、规范、要求和准备还远远不够，还需要进一步去建构，去践行。

预防为主的可持续发展理念的确立是档案安全保障体系是否得以实施和实现的标志之一，是实现档案安全保障体系可持续发展必须具备的理念。无论对于自然的还是人为的灾害，预防就是最好的保护。对档案安全造成威胁的因素，能在"防"的阶段做好的绝不留到"治"的阶段，这是对档案安全保障体系可持续发展理念的最好诠释。

2.风险最小化

威胁档案安全的因素往往具有不确定性、突发性和不可抗拒性，而严重的灾害却经常由可以花上极小代价就可以避免的因素引起，为最大限度地降低档案灾害的发生率，并且将档案灾害造成的破坏降低到最低限度，避免给档案带来不必要的损失，应树立风险最小化观念。风险最小化是采取主动防御的策略，根据档案的实际价值和档案保管的现实条件，建立起预警、保护、检测、反应、恢复的闭环结构，主动发现和及时消除安全隐患，保障档案安全。

为适应档案安全保障体系的可持续发展需要，践行风险最小化理念，一份完整而明确的防灾计划必不可少。防灾计划是一份定义好了防灾小组成员各自责任和义务、可按流程执行的文件。在这份文件里，要明确当事故发生时，到哪里能找到与灾害有关的材料和信息，如何获取应急装备，如何第一时间从灾害中恢复而不会有任何延误。毕竟当档案灾害发生时，反应的时间越短，降低损失的机会越大。

（二）寻求合作是可持续发展的动力

档案安全保障体系的可持续发展需要多个部门、多方面的合作。同时，可持续发展的档案安全保障体系又是一个动态的体系，需要将档案领域相关的与档案安全有关的环节纳入档案安全保障体系建设中，需要根据档案信息系统管理对象、服务范围等方面的变化，及时调整安全保护措施。无论是档案资源体系建设中的安全问题，还是档案利用体系中的安全问题，都需要在档案安全体系中予以重视，统筹兼顾。这些都决定了档案安全保障体系的可持续发展需要合作。

1. 跨界合作

档案安全保障体系建设的可持续发展需要跨界合作，不仅要有跨部门、跨地区的合作，还要有跨学科、跨行业的合作。档案信息安全、实体安全问题都日益凸显，档案安全自身的发展遭遇瓶颈，要将档案安全保障体系引向深入，实现可持续发展，必须寻求新视角、新方法。而档案安全的跨界合作研究，从跨学科、跨地区、跨行业、跨部门等层面，对威胁档案安全的自然因素、人为因素和技术因素等方面进行有针对性的分析和研究，多维度、多角度地对档案安全展开研究，拓宽档案安全的渠道，解决目前档案安全发展中的瓶颈问题，使档案安全工作处于一种宏观可管、微观可控的状态。这也是档案安全保障体系的可持续发展所追求的目标。

2. 科研上的合作

档案安全保障体系要实现可持续发展，科研是其中重要一环，只有持续在科研上予以投入，与时俱进，将档案安全中碰到的问题从科学、客观的层面予以解决。档案安全保障体系的可持续发展，应该借鉴管理学、社会学、法学、经济学、理学、工学等理论和方法，通过跨界合作的方式加强档案安全建设。图书馆、博物馆、文物保护、文化遗产保护等行业的先进经验，可以为档案安全提供借鉴。特别是在馆藏档案的保藏环境，如温度、湿度的调控，光、有害气体、有害生物等防范和控制方面，馆藏档案的修复等方面，图书馆、博物馆、文物保护、文化遗产保护等行业的经验都可以为档案安全建设所用，所以也是档案安全保障体系实现可持续发展的重要途径。

（三）掌握可持续发展的方法

1.可持续发展是自上而下的发展

安全总监（行政领导＋专家）、基层操作人员（安全保障体系最直接的实施者和操作者）及中间各层（安全目标和职责的承担者、责任者）构成了档案安全保障体系的组织体系。就档案安全保障体系的可持续发展来说，应该是自上而下各个层次共同的行为，不仅需要安全总监的正确决策，也需要基层人员和中间各层的共同努力，尤其是档案安全细节的落实，基层操作人员的安全意识和安全素养在一定程度上决定着档案安全的程度。

科学管理有三个层次：①规范化；②精细化；③个性化。从当前发展的现状来看，档案安全保障体系还处于第一个层次的规范化阶段，仍然需要确立规范化管理的相关标准，在档案安全管理策略与标准、档案馆库运行的安全风险分析等方面进行规范，决策层、中间各层和基层人员都重视档案安全保障体系的可持续发展，继而实现档案安全保障体系发展的精细化和个性化。

2.档案安全技术应与管理并进

为了保证档案安全的可持续发展，除了重视技术本身，强调技术的研究、推广和应用，更不能忽视对技术的管理。保管工作伴随着保护技术的管理，其中包含档案保护技术方案的设计，档案保护过程中的风险管理，政策的制定，技术标准的建立和推广，技术资源的配置与整合，技术平台的建立、应用、维护和更新，技术效果的评价，修复档案的建立等内容。

参考文献

[1] 吴迪，张嗣珉，高尚.档案管理工作优化与信息化建设[M].北京：学苑出版社，2024.

[2] 李丹娜，赵秋凤，黄姗姗.现代档案管理与实践探究[M].北京：中国书籍出版社，2024.

[3] 杨艳，蔡婷婷，陈文珊.现代档案管理与档案信息服务研究[M].北京：中国商业出版社，2023.

[4] 莫伟杰，周结华，李巧兰.档案管理现代化与服务创新研究[M].北京：北京工业大学出版社，2021.

[5] 杨红本.档案管理理论与实务[M].上海：上海教育出版社，2016.

[6] 杨学锋.现代化档案管理与服务研究[M].北京：中国商务出版社，2018.

[7] 刘蓉.档案管理中的计算机网络技术应用[J].集成电路应用，2022，39（08）：258-259.

[8] 江柔蓄.大数据技术在档案管理中的应用[J].集成电路应用，2021，38（09）：276-277.

[9] 孙晓蕾.区块链技术在档案管理中的应用研究[J].黑龙江档案，2023（04）：63-65.

[10] 岳幸晖，杨智勇.人工智能在档案管理中的应用图景与风险防范[J].档案与建设，2023（10）：36-40.

[11] 于海燕.档案安全保障体系的可持续发展研究[J].档案学通讯，2018（05）：78-81.

[12] 张迎春.档案安全保障体系研究[D].合肥：安徽大学，2012：16-28+38-43.

[13] 侯俊丽.大数据技术在档案管理中的应用探讨[J].科技资讯，2023，21（06）：27.

[14] 康亚光.区块链技术在档案管理中的应用[J].数字传媒研究，2024，41（04）：9.

[15] 郑杨.加强档案安全体系构建的保障措施探究[J].理论观察，2018（06）：155.

[16] 谷广民.浅谈档案信息安全保障体系的建设与思考[J].东方企业文化，2017（S1）：89.

[17] 李秀玲.创新档案服务模式提升档案利用价值[J].兰台内外，2018（01）：31-32.

[18] 李先红.论档案服务模式创新[J].档案天地，2014（S1）：174-176.

[19] 赖莉容.供给侧改革背景下档案服务机制的优化[J].黑龙江档案，2021（02）：38-39.

[20] 刘学军.档案服务工作[J].黑龙江史志，2014（11）：181.

[21] 黄晓晖.探析档案利用服务专业化团队的培育[J].吉林广播电视大学学报，2016（3）：71-72.

[22] 李仙丽.信息时代档案服务模式的探讨[J].办公室业务，2014（15）：207.

[23] 刘晓丽.科技档案管理工作中大数据技术运用分析[J].科学与信息化，2024（8）：145.

[24] 李鑫炯.浅谈人事档案管理工作[J].现代农村科技，2023（6）：124.

[25] 高朝阳.国家科技重大专项档案管理存在的问题及思考[J].北京档案，2022（8）：32-34.

[26] 马明远，杨国航，耿东梅，等.农业科技档案管理工作绩效评价研究[J].安徽农业科学，2019，47（23）：264-265，274.

[27] 王艳明.科技工作程序对于科技档案管理的作用与意义[J].档案学研究，2005（1）：14-16.

[28] 潘柳春.企业文书档案管理问题与对策思考[J].档案管理，2021（3）：124-125.

[30] 四川省档案局.档案工作基础业务[M].成都：四川人民出版社，2017.

[31] 王玉珏.档案文化创意服务的理论与实践[M].武汉：武汉大学出版社，2017.

[32] 黄晓燕.新时代档案事业创新发展、高质量发展路径探析[J].办公室业务，2023（10）：127-128+153.

[33] 杨亚琼.新时代背景下档案事业的发展路径探究[J].兰台内外，2023（08）：73-75.

[34] 徐玉婷，高慧筠.档案文化创意服务现状与提升策略探析[J].北京档案，2021（10）：31-33.

[35] 陈勇，贺译萱.档案移动服务的特点、模式及创新思路[J].档案管理，2021（01）：55-56.

[36] 张平.综合档案馆智库功能实现研究[D].哈尔滨：黑龙江大学，2020：38-48.

[37] 孙芳芳.档案社会化服务的基本功能与基本原则[J].浙江档案，2019（02）：56-57.

[38] 孙悦.谈档案社会化服务价值取向[J].黑龙江档案，2019（01）：83.

[39] 孙芳芳，计大敏，徐林娟.档案社会化服务的概念与特性探析[J].浙江档案，2018（02）：60-61.

[40] 李翠屏.档案馆知识服务研究[D].济南：山东大学，2010：12-18.

[41] 李滨.以档案室搬迁为契机提高人事档案管理水平[J].办公室业务，2015（18）：84.

[42] 孙婧.档案馆开展档案接收前指导工作策略分析[J].兰台世界，2024（03）：82.

[43] 田婷婷.对开展档案寄存工作的探讨[J].档案天地，2013（12）：42.